Nilgün Taşman

Ich träume deutsch … und wache türkisch auf

Eine Kindheit in zwei Welten

HERDER

FREIBURG · BASEL · WIEN

HERDER spektrum Band 6344

Für Ulrich und Can Leon

Annem, Babam ve Ablam için

Titel der Originalausgabe:
Ich träume deutsch … und wache türkisch auf.
Eine Kindheit in zwei Welten

ISBN 978-3-451-29860-8

www.herder.de

Umschlagkonzeption: Agentur R·M·E Roland Eschlbeck
Umschlaggestaltung: Verlag Herder
Coverfoto: © Gottfried Stoppel. Fotografie. Waiblingen
Foto Umschlagrückseite: © privat

Satz: Dtp-Satzservice Peter Huber, Freiburg
Herstellung: fgb · freiburger graphische betriebe
www.fgb.de

Gedruckt auf umweltfreundlichem, chlorfrei gebleichtem Papier
Printed in Germany

ISBN 978-3-451-06344-2

MEINE GROSSMUTTER KONNTE NICHT LESEN, aber sie nahm immer wieder eines ihrer Bücher in die Hand und blätterte es Seite für Seite durch. Es waren die Bücher meines Großvaters, die meine Babaanne in einer Holztruhe sorgfältig aufbewahrte.

„Kinder, in jedem Buch stecken nicht nur Geschichten, sondern auch Menschen. Menschen, die uns an der Hand nehmen und durch das Leben begleiten. Menschen, die wir ins Herz schließen, die wir lieben, hassen oder die wir uns zum Vorbild nehmen. Menschen, von denen wir viel lernen können."

Meine Schwester fragte dann immer: „Babaanne, du kannst doch gar nicht lesen, warum blätterst du das Buch durch?"

„Allah sei gnädig, mein Kind, man hat mir das Lesen nie beigebracht. Aber ein Buch erinnert mich an die Geschichten, die mir unser Vater immer vorgelesen hat. Bücher werden von Menschen geschrieben, die viel Tinte geleckt haben. Wenn ich die Buchstaben berühre, dann habe ich das Gefühl, als würde ich auf Reisen gehen", sagte sie und wiegte sich dabei hin und her wie eine Zypresse im Wind.

Babaanne hatte ihr Dorf in Anatolien noch nie verlassen und sie war auch nirgendwo gemeldet. Eigentlich gab es meine Babaanne gar nicht, bis mein Vater auf die Welt kam. Erst mit seiner Geburt wurde auch sie registriert.

„Wenn ihr groß seid und in einer großen Stadt lebt, müsst ihr dort unbedingt in die Schule gehen, damit ihr so klug werdet, wie es einst mein Vater war. Nur Menschen, die in ihrem Leben Tinte geleckt haben, sind kluge Menschen", sagte Babaanne zu meiner Schwester und zu mir.

Mein Urgroßvater war ein belesener Mann, der leider sehr früh starb. Er hinterließ meiner Urgroßmutter und den neun Kindern viel Land und das Haus. Meine Großmutter war mit nur neun Jahren die Älteste. Sie musste ihrer Mutter helfen und konnte keine Schule besuchen. Aber von meiner Babaanne erzähle ich Ihnen später mehr, wenn ich Ihnen von der Zeit berichten werde, die meine Schwester Mine und ich bei ihr in Anatolien verbrachten.

Ich hoffe, dass Sie die kleine Nilgün ein Stück auf ihrem Weg ins Leben begleiten werden. Zu Beginn ihrer Erzählungen ist sie fünf Jahre alt und wird Sie an den Erfahrungen und Erlebnissen ihrer Kindheit in einer schwäbischen Kleinstadt und bei der Großmutter in der Türkei teilhaben lassen.

Als ich über meine Kindheit zu schreiben begann, hatte ich das Gefühl, diese Zeit noch einmal zu erleben. So waren auch die Worte auf meiner Zunge die eines kleinen Mädchens. Doch am Ende der Erinnerungen wird Nilgün zu einer Erkenntnis kommen, die sie glücklich und erwachsen macht.

Zwei Jahre Deutschland

1968 stand in den türkischen Zeitungen, dass in Süddeutschland Gastarbeiter gesucht werden. Mein Vater, der als Schreiner auf der Werft in Istanbul arbeitete, bewarb sich, ohne meine Mutter zu fragen, und bekam nach einer gründlichen Untersuchung sofort die Zusage für eine Einreisegenehmigung. Ein Freund, der sich mit ihm beworben hatte, wurde wegen seiner schwarzen Zähne abgelehnt. Man musste kerngesund sein, um eine Einreisegenehmigung nach Deutschland zu erhalten.

Meine Mutter war von der Idee, nach Deutschland zu gehen, gar nicht begeistert.

„Wir wissen nicht mal, wie man Deutschland schreibt, wie sollen wir da klarkommen?", fragte sie und wollte nicht von Istanbul weg.

Meine Eltern wohnten damals in einer kleinen Zweizimmerwohnung mitten in der Stadt. Meine Schwester war vier Jahre alt und ich gerade mal sechs Monate.

„Wir waren arm, aber glücklich. Wir hatten türkische Erde unter den Füßen", sagte meine Mutter später immer.

Baba versprach Annem, höchstens zwei Jahre in Deutschland zu bleiben. Nur, bis wir genügend Geld für ein eigenes Haus gespart hätten.

So machten wir unsere erste große Reise mit dem Zug. Die Beamten am Zoll in Deutschland müssen sehr nett gewesen sein. Sie lachten, weil bei den meisten Türken im Reisepass als Geburtsdatum der 1. Januar eingetragen war. Viele Türken wurden, wie meine Babaanne, erst Jahre später registriert, und die meisten Eltern wussten dann nicht mehr, wann ihre Kinder geboren waren. Also gab man entweder den 1. Januar oder den 15. August an. Bei meinem Baba stand der 15. August und bei meiner Anne der 1. Januar im Pass.

Wir wurden mit noch fünfzehn weiteren Türken am Bahnhof in Stuttgart von zwei Männern in Empfang genommen, die ein Schild mit der Aufschrift „Karl Kübler" hoch hielten. Das war der Name der Firma, in der mein Baba arbeiten sollte. Einer der Männer war ein Landsmann von uns, der von den Neuankömmlingen wie ein Heiliger verehrt wurde, denn alle waren erleichtert zu sehen, dass es in Deutschland bereits Türken gab, und froh darüber, dass sie von jemandem abgeholt wurden, der sie verstand.

„Ich werde Bruder Mustafa nie vergessen, denn er war ein Stück Heimat in der Fremde", sagte meine Anne später noch oft mit Tränen in den Augen.

Wir wurden in einem Mehrfamilienhaus untergebracht und bekamen eine Zweizimmerwohnung, die bereits eingerichtet war.

Die ersten Wochen und Monate müssen eine ganz schlimme Zeit für unsere Eltern gewesen sein. Mein Vater hatte einen Teil seines ersten Gehalts im Voraus bekommen, aber er wusste nicht einmal, wo man etwas zu essen einkaufen konnte.

Jahrelang konnten meine Schwester und ich nicht genug von den Geschichten aus dieser Anfangszeit bekommen. Meine Lieblingsgeschichte war die vom ersten Einkauf meiner Eltern:

Sie zeigten auf alles mit dem Finger und sprachen türkisch. Meine Mutter zeigte auf Bananen. „Muz", sagte sie auf Türkisch und die Verkäuferin antwortete: „Banane?"

„Banane" heißt auf Türkisch „mir egal".

Meine Mutter zeigte erneut auf die Bananen und die Verkäuferin sagte wieder: „Banane".

Meine Eltern fühlten sich beleidigt und liefen einfach weiter.

Viele Geschichten, die uns Anne von früher erzählte, waren schön und lustig. Aber wenn wir lachten, sagte sie immer: „Heute lachen wir darüber, damals haben wir geweint."

In einer Sache waren sich alle türkischen Gastarbeiter einig: Sie wollten auf jeden Fall nur zwei Jahre in Deutschland bleiben. Nur so lange, bis sie sich ein eigenes Haus leisten konnten, wie unsere Eltern auch.

Wenn man unseren Eltern damals gesagt hätte, dass die geplanten zwei Jahre irgendwann zu zwanzig Jahren werden würden, wäre meine Anne wahrscheinlich sofort umgekehrt.

Sei stolz, eine Türkin zu sein!

Ich weiß nicht, wie oft ich diesen Satz als Kind gehört habe. „Stolz" ist glaube ich das wichtigste Wort bei uns Türken. „Wer keinen Stolz mehr hat, kann sich gleich begraben lassen", sagte mein Vater immer.

Meine vier Jahre ältere Schwester Mine ging inzwischen bereits in die Schule. Ich war erst fünf und noch zu jung für die Schule. Weil ich nicht katholisch war, wurde ich auch nicht in den Kindergarten aufgenommen. Aber da wollte ich sowieso nicht hin. Meine Anne und ich gingen manchmal zum Bäcker und kamen auf unserem Weg an diesem Kindergarten vorbei. Über der Eingangstür hing ein großes Kreuz aus Holz. Darauf war ein Mann mit einem Dornenkranz auf dem Kopf, und in seinen Händen und Füßen steckten Nägel. Das sah ganz schrecklich aus.

Anne beruhigte mich und erklärte: „Das ist der Prophet Isa. Du musst keine Angst haben. Er war ein guter Prophet und wurde von Allah vor Mohammed auf die Erde geschickt. Die Menschen wollten nicht an ihn glauben und bestraften ihn mit dem Tod!"

Wir gingen auch mal in den Kindergarten hinein, um uns vorzustellen, aber eine „Muselmanin" wollten die Nonnen dort nicht aufnehmen. Ich freute mich darüber, da es mir zu Hause alleine mit Tekir, unserem türkischen Kater, viel besser gefiel.

Wir wohnten immer noch in dem Mehrfamilienhaus, das uns bei unserer Ankunft zugewiesen worden war, und waren ganz stolz auf unsere Zweizimmerwohnung mitten in der Stadt. Die meisten türkischen Familien hatten viel kleinere Wohnungen als wir. Das Einzige, was wir uns sehnlichst wünschten, war ein Fernseher. Baba hatte uns zwar versprochen, so bald wie möglich einen zu kaufen, aber leider konnten wir uns noch keinen leisten.

Onkel Ali, der Freund von unserem Baba, hatte für seinen Fernseher nichts bezahlt. Onkel Ali besaß ganz viele Dinge, die wir nicht hatten, und er fuhr mehrmals im Jahr mit seinem Ford Taunus in die Türkei. Onkel Ali war ein guter Geschäftsmann und Anne war von seinen Geschichten immer ganz begeistert.

Baba sagte: „Ali ist eine Müllratte und hat überhaupt keinen Stolz. Er ist ein Eşoleşek!"

„Na und? Er versteht sein Geschäft und wird sicher in ein paar Jahren für immer in die Heimat zurückkehren, wovon wir nur träumen können", antwortete Anne und vergoss dabei jedes Mal ein paar Tränen.

Wir hatten viele Freunde und bekamen oft Besuch. Manchmal kamen so viele, dass die Frauen im Schlafzimmer auf dem Bett saßen und die Männer im Wohnzimmer auf dem Boden.

Meistens war es lustig und traurig zugleich, und immer ging es um die Heimat. Allerdings gefiel das unseren deutschen Nachbarn nicht. Die bekamen nämlich nie Besuch.

Ali Amca sagte immer: „Die Deutschen sind anders als wir. Sie haben keine Freunde und unterhalten sich nur kurz auf der Straße."

Es war in der Tat so, wie Ali Amca es beschrieb. Die Deutschen bekamen nie Besuch, aber sie redeten dafür beim Bäcker und im Supermarkt sehr lange mit den Verkäuferinnen oder unterhielten sich mit ihren Nachbarn auf der Straße.

Anne sagte: „Jedes Land hat seine eigenen Sitten, deshalb sind wir Türken anders und werden es auch immer bleiben!"

Wir sahen unsere Nachbarn morgens, wenn sie zur Arbeit gingen, und abends, wenn sie wieder zurückkamen. Manchmal wurde es bei uns sehr laut, wenn viele Freunde da waren. Dann klopften die Nachbarn von oben auf den Fußboden oder sie klingelten und baten um mehr Ruhe. Meine Anne ging dann gleich in die Küche, holte einen Teller mit Gebäck, drückte ihn dem Nachbarn in die Hand und entschuldigte sich. Danach stellten alle fest, dass es die Deutschen mit uns auch wirklich nicht immer einfach hätten. Wir wären eben anders, viel gastfreundlicher und warmherziger als die Deutschen. Dabei lächelten sich alle zufrieden und stolz an.

Unsere Eltern verließen das Haus morgens sehr früh, um zur Arbeit zu gehen. Meine Schwester wurde jeden Morgen von unserer Kuckucksuhr geweckt und kam trotzdem immer zu spät in die Schule. Ihre Lehrerin schickte ihr sogar mal einen Brief nach Hause. Aber den zerriss Mine gleich. Ich blieb mit unserem Kater Tekir alleine, bis Mine mittags zurückkam. Das durfte niemand wissen, da mich sonst das Jugendamt geholt hätte.

„Die Deutschen kennen da keine Gnade, Nilgün! Du darfst eigentlich nicht alleine zu Hause bleiben. Die nehmen dich einfach mit, und du musst bei einer deutschen Familie leben, und wir würden uns nie wieder sehen", sagte Anne jeden Morgen, bevor sie aus dem Haus ging.

Ich durfte das Haus ohne Mine nicht verlassen, aber ich durfte aus dem Fenster schauen. Und für den Fall, dass mich jemand fragen würde, wo meine Anne ist, hatte ich eine überzeugende Antwort auswendig gelernt:

„Meine Mama ist Brot kaufen gegangen. Ich darf nicht mit Fremden sprechen, und sie kommt in fünf Minuten zurück!" Eigentlich war ich ja auch nie alleine. Unser Kater Tekir war immer bei mir.

Tekir war auch „Türke" und verstand kein deutsch, wie unsere Eltern. Meine Anne sagte immer: „Tekir ist ein Stück Heimat, und eines Tages wird er mit uns für immer zurückkehren!" Dabei glänzten Tränen in ihren Augen.

Tekir und ich saßen stundenlang am Fenster, und ich kann mich nicht erinnern, dass es mir irgendwann einmal langweilig geworden wäre, denn es gab immer etwas zu sehen und zu entdecken.

In unserer Straße lebten natürlich auch andere Kinder. Die meisten von ihnen waren schon in der Schule, so wie meine Schwester Mine.

Paola und Giuseppe gingen in die gleiche Schule. Mine und ich waren fast jeden Tag mit den beiden zusammen. Obwohl unsere Eltern kein Italienisch und kein Deutsch sprachen und die Eltern von Paola und Giuseppe auch nur italienisch konnten, mochten sie sich sehr. Sie konnten sich sogar, jeder in seiner Sprache, verständigen. „Menschen müssen nicht die gleiche Sprache sprechen, um sich zu mögen", sagte Anne.

Von unserem Wohnzimmerfenster aus konnten wir zu Familie Schäufele sehen. Das waren ganz feine Menschen, und sie hatten als Einzige in der Straße ein großes Haus, das sie ganz alleine bewohnten. Sie hatten nur eine Tochter. Ihr Name war Helene.

Helene spielte immer alleine und ab und zu schaute sie aus dem Fenster und lächelte mich an. Ich hatte noch nie mit ihr gesprochen oder mit ihr gespielt. Ich wusste nur, dass sie Helene hieß. Helene durfte nicht mit uns spielen. Ihr Papa wollte das nicht. Ich wusste nicht, was er dagegen hatte, aber vielleicht lag es auch daran, dass sie erst vor kurzem in unsere Straße gezogen waren und uns nicht kannten. Mein Baba mochte Herrn Schäufele gar nicht. „Der meint, er sei was Besseres, weil er Beamter ist und auf dem Rathaus arbeitet, dieser Eşoleşek!", schimpfte er jedes Mal, wenn es um Herrn Schäufele ging. Ich mochte Herrn Schäufele sehr. Ich war mir sicher, dass er ein wichtiger Mann sein musste. Herr Schäufele trug jeden Tag einen Anzug und eine Krawatte. Er ging jeden Morgen um die gleiche Zeit aus dem Haus und kam auch immer um die gleiche Zeit zurück.

Helene saß bei schönem Wetter auf den Stufen vor ihrer Haustüre und spielte mit ihren Barbiepuppen. Sie sah aus wie eine Prinzessin mit ihren rosa Kleidern und den dazu passenden Schuhen. Sogar ihre Strümpfe und Haarschleifen waren in den Farben auf ihre Kleider abgestimmt.

Helene hatte Haare wie Gold, Augen wie das Marmarameer und eine wunderschöne helle Haut. Meine Schwester war auch ungewöhnlich hellhäutig, weil die Vorfahren meiner Anne vom Schwarzen Meer stammen. Die Menschen dort sind bekannt für ihre helle Haut und ihre blauen Augen.

Meine Anne war ganz anders als die übrigen türkischen Frauen. Annem hatte eine helle Haut, dunkle Augen und sie trug kein Kopftuch wie die meisten türkischen Frauen. Sie hatte Haare, die aussahen wie Milchkaffee, und wenn wir auf eine Hochzeit gingen, schminkte sie sich sogar. Meine Anne war eine sehr schöne Frau und meine Großmutter hatte sie Adalet genannt. Das heißt Gerechtigkeit. Als meine Anne auf die Welt kam, wurde mein Großvater gerade aus dem Gefängnis entlassen. Deshalb hatte sie den Namen „Gerechtigkeit“ bekommen.

Der Name meines Babas war Hasan, aber was das heißt, weiß ich leider nicht. Er war nicht schön. Er hatte schwarze Haare, schwarze Augen und eine dunkle Haut.

Ich hatte auch wenig Farben auf dem Kopf. Meine Augen und meine Haare waren schwarz, und ich sah mit meiner dunklen Haut aus wie die meisten türkischen Kinder. Aber ich war schöner als mein Baba. Baba nannte mich immer „Kara Kızım“, meine schwarze Tochter. Mine nannte er „Pamuk Kızım“, meine Watte-Tochter.

Allah sei gnädig, aber Mine war alles andere als ein luftiges Watteflöckchen. Sie war dick, groß und hatte mit ihren neun Jahren schon richtige Brüste.

„Bald werden sie an unserer Tür klopfen und um deine Hand anhalten, wenn du weiterhin so wächst!“, sagte Anne zu Mine und war immer ganz stolz auf ihre „Watte-Tochter“.

Ich dagegen wurde neben Mine meistens übersehen. Ich war für mein Alter zu klein, hatte schwarze Locken und von Brüsten konnte ich nur träumen.

Aber da war ich nicht die Einzige. Meine Freundin Helene hatte auch noch keine Brüste und war nur wenig größer als ich.

Paola, Giuseppe und Mine konnten Helene nicht leiden.

„Die sieht aus wie eine Puppe und ist genauso dumm wie ihre Eltern", sagte Mine immer, wenn sie an Helene vorbeilief. Helene tat dann so, als ob sie Mine nicht hören würde, und spielte weiter mit ihren Puppen.

Mine war manchmal sehr ungerecht und blöd, aber ich musste auf sie hören.

Ich hatte zwar noch nie mit Helene gesprochen, aber sie war trotzdem meine Freundin.

Onkel Ali war wieder mal bei uns und erzählte ausführlich, was er für großartige Sachen vom Sperrmüll mit in die Türkei genommen und dort für viel Geld verkauft hatte. Er leerte alle Altkleidertonnen bei uns im Ort, und seine Familie in Ostanatolien flickte die Kleider wieder zusammen. Danach verkaufte Onkel Ali alles auf dem Bazar.

„Du verstehst dein Geschäft Bruder Ali, wir sind zu dumm, um so etwas zu machen. Wir haben ja noch nicht mal einen Fernseher", jammerte Anne und warf Baba einen bösen Blick zu. Baba verdrehte wie immer die Augen, streckte die Arme Richtung Allah und sagte: „Schick mir Geduld, mein gnädiger und großer Allah!" Danach schlürfte er seinen Tee weiter.

Onkel Ali war an den Armen und im Gesicht schwarz behaart wie ein Affe. Seine Familie wohnte in der Türkei, und seine Frau war so dick wie die Kuh meiner Großmutter. Onkel Ali zeigte uns oft Fotos von seinen beiden Töchtern und sagte dann immer: „Ich hoffe, meine Mädchen heiraten bald einen reichen Mann, damit ich nicht mehr so hart arbeiten muss." Dabei schaute er nach oben und schenkte Allah ein Grinsen.

„Möge Allah euch bald zusammenbringen, Bruder Ali, und ich hoffe, dass es nicht mehr lange dauert, bis wir alle wieder in unsere Heimat zurückgehen können!", sagte meine Anne traurig.

„Inşallah", seufzte Onkel Ali.

Wir spielten gerade Verstecken, als Herr Schäufele von der Arbeit nach Hause kam. Immer sah ich ihn an und hoffte, dass er mich nur ein einziges Mal bemerken würde. Manchmal tat ich so, als würde ich niesen, oder ich hustete laut. Aber alles war umsonst. Herr Schäufele nahm mich nicht wahr. Er hatte immer viele Akten unter dem Arm und lief zielstrebig auf sein Haus zu.

Seine Frau stand jeden Tag zur gleichen Zeit am Fenster und wenn sie ihren Mann kommen sah, stellte sie sich in die Eingangstür und begrüßte ihn ganz höflich mit einem Nicken.

Als Herr Schäufele wieder einmal mit schnellen Schritten auf dem Heimweg war, stolperte er plötzlich, schrie und fiel mitsamt seinen Akten auf den Boden. Mine, Paola und ich standen da und keiner traute sich auch nur ein Wort zu sagen. Aber dann stürzte ich los, sammelte die umherliegenden Akten ein, nahm die Tasche von Herrn Schäufele, legte sie unter seinen Kopf und rannte weg. Ich klingelte bei Frau Schäufele und rief gleichzeitig um Hilfe. Sie sah aus dem Fenster, und als sie ihren Mann auf der Straße liegen sah, eilte sie weinend heraus.

Frau Schäufele hockte nur da und tat gar nichts, außer dass sie ganz schlimm weinte. Wir hatten zu Hause ein rotes Kästchen, in dem Pflaster, Verband und eine Telefonnummer war, die wir in Notfällen anrufen sollten. Ich war zwar erst fünfeinhalb, konnte aber trotzdem lesen.

Ich schnappte den Kasten und klopfte bei unserer Nachbarin, da sie die Einzige im Haus war, die ein Telefon besaß.

Ich erzählte ihr, was passiert war, und sie rief sofort einen Krankenwagen. Dann rannte ich wieder zu Herrn Schäufele, der immer noch wie tot auf dem Boden lag. Ich gab seiner Frau den Verbandskasten und hoffte, dass sie endlich etwas unternehmen würde. Sie sah mich nur an und weinte weiter. Kurz darauf hörten wir die Sirene vom Krankenwagen.

Zwei dicke Männer stiegen aus, legten Herrn Schäufele auf eine Liege und setzten ihm eine Maske auf den Mund.

„Wollen Sie mitkommen?", fragte der eine Mann, während er die Liege in den Wagen schob. Frau Schäufele schüttelte nur den Kopf und legte ihren Arm um Helene.

Frau Schäufele stützte sich auch auf meine Schulter, während sie zum Haus zurückging, und zum ersten Mal durfte ich ein deutsches Haus betreten.

Die Treppen waren bedeckt mit einem blauen Teppich. Der Boden war so weich wie unser Bett. An der Wand hingen getrocknete Blumen und wunderschöne Bilder von Bergen und grünen Wiesen.

Helene und ihre Mama schluchzten ganz fürchterlich.

„Ihr müsst nicht weinen. Dein Papa ist nicht tot, und er wird bald wieder nach Hause kommen!" Ich versuchte, die beiden zu trösten.

Frau Schäufele nahm meine Hand und stammelte: „Aber was sollen wir denn jetzt tun?"

„Sie müssen zu Ihrem Mann in die Klinik gehen. Das hat meine Anne auch gemacht, als Baba einen Unfall hatte."

„Und was ist mit Helene?"

Ich richtete mich auf und sagte: „Machen Sie sich keine Sorgen. Ich bleibe bei Helene und wir warten, bis Sie wieder zurückkommen."

Frau Schäufele nahm ihre Handtasche, zog ihre grüne Strickjacke an und verließ immer noch weinend das Haus.

Ich nahm Helene an der Hand und wir gingen ins Wohnzimmer. Ich war glücklich und sehr stolz auf mich!

Das war die Chance, endlich bei Helene zu sein und dieses schöne Haus von innen zu sehen. Ich wollte alle Räume anschauen, bevor Helenes Eltern wieder zurückkamen. Ich lief durch das Haus und konnte es kaum fassen. Ich dachte, wenn unser Haus so groß und so schön wäre, hätten wir sicher all unsere Verwandten aus Istanbul und Ostanatolien zu uns eingeladen. Dann wäre meine Anne bestimmt nicht so oft traurig und hätte auch kein Heimweh mehr.

Im Wohnzimmer standen außer einem großen Schrank eine braune Couch und ein großer Tisch aus Holz. Schäufeles hatten natürlich auch einen Fernseher und einen großen schwarzen Sessel, der davor stand.

„Da dürfen wir nicht sitzen, der Sessel gehört meinem Papa", sagte Helene ganz leise und nahm mich an der Hand.

„Wie? Dein Papa hat einen eigenen Sessel? Und du? Hast du auch einen eigenen Sessel?"

„Ja, komm, ich zeig dir mein Zimmer", sagte Helene. Sie hatte ein eigenes Zimmer, ganz für sich alleine! Mein Herz schlug bis zum Hals und ich war sehr aufgeregt. Es war ein Prinzessinnenzimmer. Auf ihrem kleinen Bett saßen ganz viele Puppen und Stofftiere. Der Tisch und ihr Stuhl waren rosa und an den Wänden hingen Poster von Tierbabys.

„Mit dieser Puppenstube hat schon meine Mama gespielt, aber ich darf sie nur anschauen. Erst wenn ich groß bin, darf ich damit spielen", sagte Helene und nahm die weiße Tülldecke ab. Noch nie in meinem Leben hatte ich etwas so Schönes gesehen.

Kleine Schränkchen, Stühle, Tische, einen Schaukelstuhl, eine Badewanne und sogar einen Küchenherd gab es in der Puppenstube.

Ich wollte unbedingt und sofort damit spielen und dieses kleine Stühlchen nur ein Mal in der Hand halten!

„Helene, deine Eltern sind doch gar nicht da, lass uns damit spielen!“ Ich versuchte, Helene zu überreden, aber sie wollte nicht.

„Nein, ich zeige dir etwas viel Schöneres, komm, Bosporus.“

„Warum nennst du mich so? Ich heiße nicht Bosporus, ich heiße Nilgün!“

„Mein Papa sagt das immer, und ich dachte, das wäre dein Name.“ Helene sah beschämt auf den Boden.

Dachte Herr Schäufele wirklich, dass alle Türken Bosporus hießen?

Wir umarmten uns, und meine Freundin Helene drückte mich ganz fest an sich.

In diesem Haus gab es unendlich viele Zimmer. Ich wusste nicht gleich, in was für einem Zimmer wir jetzt waren, bis ich den Herd entdeckte. Der ganze Raum war voll mit Schränken und Regalen. Wir hatten in unserer Küche nur einen alten Schrank, und meine Anne stellte die Töpfe unter das Waschbecken. Schäufeles hatten auch in der Küche Stühle, die aussahen, als hätte man sie zusammengeklebt und um die Ecke gestellt. Helene sagte, das sei eine Eckbank. Das hatte ich auch noch nie gesehen.

„Wie viele Zimmer habt ihr eigentlich, verirrst du dich hier nicht?“

„Nein, so viele sind es nicht. Ohne Speisekammer sind es drei Zimmer und die Küche.“

Ich kam aus dem Staunen gar nicht mehr raus. Die Familie Schäufele hatten eine Kammer, die so groß war wie die Küche und voller Lebensmittel. Wir hatten kein extra Zimmer für unsere Lebensmittel, und wir aßen im Wohnzimmer auf dem Boden, von einem großen Tablett, das uns meine Großmutter geschenkt hatte.

Plötzlich klingelte es an der Tür, und wir rannten beide zum Fenster. Mine stand wütend draußen und schrie mich auf Türkisch an. Ich solle sofort nach Hause kommen, Anne würde bald da sein. Aber ich streckte ihr nur die Zunge raus. Ich wollte unbedingt noch einen letzten Blick auf die Puppenstube werfen. Ich genoss jeden Schritt auf diesem blauen, weichen Teppich.

Leider wurde meine Besichtigung kurze Zeit später von Helenes Eltern unterbrochen. Herr Schäufele durfte das Krankenhaus schon wieder verlassen, weil er nur einen Schwächeanfall gehabt hatte, aber seine Frau weinte immer noch.

„Jetzt hör endlich auf zu weinen. Das ist doch nichts Schlimmes!", schimpfte Herr Schäufele und legte seine Hand auf die Schulter seiner Frau.

Danach holte er tief Luft, schaute mich an, und ich bekam wie üblich Angst.

Herr Schäufele bedankte sich bei mir und versprach, dass ich ab und zu Helene besuchen dürfe. „Aber nicht zu oft!", sagte er mit erhobenem Zeigefinger.

„Ja, danke, Herr Schäufele, das mache ich sehr gerne", antwortete ich ganz leise und verabschiedete mich von allen.

Ich hätte laut losschreien können vor Freude. Das war der Durchbruch! Ich war die Einzige, die Schäufeles Haus je von innen gesehen hatte. Ich war so stolz auf mich und wollte es unbedingt meiner Anne erzählen.

Als ich nach Hause kam, stand Anne bereits in der Küche und kochte.

„Anne, stell dir vor, was heute passiert ist. Ich habe Herrn Schäufele das Leben gerettet, und ich darf jetzt Helene besuchen, wann immer ich will!"

Anne schien gar nicht hinzuhören, und sie freute sich auch nicht darüber.

„Nilgün, du hast deiner Schwester nicht gehorcht, das darf nicht wieder vorkommen! Wer seinen älteren Geschwistern keinen Gehorsam leistet, der wird in der Hölle schmoren. Das ist Günah!“ Anne war wütend und jetzt schrie sie sogar: „Willst du in der Hölle schmoren? Willst du das?“

Nein, Allah bewahre! Das wollte ich natürlich nicht.

„Allah sagt doch immer, dass man anderen Menschen helfen soll. Genau das habe ich heute getan! Anne, ich habe endlich eine deutsche Freundin!“

Aber das interessierte meine Anne überhaupt nicht, und sie drückte mir die Teller in die Hand.

„Versuch nicht, wie die Deutschen zu sein. Du bist eine Türkin. Sei stolz darauf. Wir sind anders als die Deutschen!“

Anne war böse auf mich, und ich verstand nicht, was ich falsch gemacht hatte.

Das Tablett war fertig gedeckt und wir warteten hungrig auf Baba. Anne war immer noch wütend, und Mine grinste schadenfroh vor sich hin.

Endlich kam Baba zur Tür rein, sagte nur „Merhaba“ und fing gleich an zu essen.

Beim Essen durften wir nicht miteinander reden, da es Günah war und ein Missachten der Mahlzeit. Aber auch wenn jemand gesprochen hätte, man hätte es nicht gehört, denn mein Baba schlürfte und schmatzte immer sehr laut.

Während des Essens fiel mir auf, wie dreckig Baba aussah. Seine Kleider waren schmutzig und verknittert. Ich dachte mir, kein Wunder, dass Herr Schäufele meinen Baba nicht einmal anschaut, wenn der auch so unordentlich herumläuft! Unter seiner Jacke trug Baba im Winter immer einen dicken Pulli und an wärmeren Tagen ein T-Shirt, aber nie eine Krawatte oder einen Anzug. Nicht einmal sonntags trug Baba eine Krawatte. Nur wenn wir mal auf einer Hochzeit waren, zog er ein weißes Hemd und eine schwarze Hose an. Dabei hätte es mir so gut gefallen, wenn mein Baba auch mal eine Krawatte getragen hätte.

„Baba, warum trägst du nie eine Krawatte? Das sieht doch viel schöner aus!"

Baba fing an zu lachen, schüttelte den Kopf und klopfte mir auf die Schulter: „Auf dem Müllwagen eine Krawatte? Soll ich mich zum Idioten machen? Ich muss schon lachen, wenn ich diesem Eşoleşek jeden Morgen begegne."

Er meinte natürlich Herrn Schäufele. Das konnte ich nicht hinnehmen und knallte meinen Suppenlöffel auf das Tablett. Dann schrie ich: „Herr Schäufele ist kein Idiot. Du bist nur eifersüchtig auf ihn! Schau dich doch mal an, du siehst aus wie die Bettler in Istanbul!"

Ich kann mich weder an eine Antwort noch an seine Reaktion erinnern. Als ich meine Augen wieder öffnete, spürte ich ein schreckliches Brennen auf der Wange und ein Klopfen im Ohr. Anne und Mine saßen neben mir. Sogar Tekir starrte mich böse an.

„Nilgün, geht es dir gut? Soll ich dich zum Arzt bringen? Hörst du mich?"

„Ja, ich ... ich höre dich. Wo ist Baba? Hat er mich geschlagen?"

„Du hast mehr verdient als nur eine Ohrfeige.

Schämen solltest du dich. In der Hölle wirst du schmoren!", schrie Anne und fing an zu weinen. Ich musste auch weinen und schämte mich sehr. Diesmal würde Allah mir nicht verzeihen, denn schließlich hatte ich zweimal an diesem Tag gesündigt. Die Angst vor der Hölle und vor Allah ließ meinen ganzen Körper zittern. Ich fing an, mit Gott zu sprechen. Er war der Einzige, der mir in diesem Fall helfen konnte. Gott war gnädiger als Allah, und Gott hatte keine Hölle. Gott musste mir dieses eine Mal noch helfen. Ich betete ganz lange und irgendwann schlief ich weinend mit meinem Teddy ein. Am nächsten Morgen war ich trotzdem glücklich und sehr stolz auf mich. Endlich hatte ich eine deutsche Freundin!

Anne kam aus der Küche und setzte sich neben mich.

„Wer lügt, sich gegen seine Eltern stellt oder Schweinefleisch isst, wird von Allah schwer bestraft, Nilgün. Das ist Günah! Denk an die Brücke zwischen Paradies und Hölle. Die Brücke ist so scharf wie eine Klinge und so dünn wie ein Haar. Nur wer keine Sünden hat, wird es schaffen, ins Paradies zu kommen. Und wenn du so weitermachst, wirst du sicher die Schicksalsbrücke zwischen Paradies und Hölle nicht überqueren können und runterfallen in das Flammenmeer!"

Ich fing wieder an zu weinen. Ich hatte das nicht böse gemeint, und ich wollte auch über die Schicksalsbrücke laufen, um ins Paradies zu kommen. Ich wollte nicht verbrennen.

Anne nahm mich kurz in ihre Arme und ging dann zur Arbeit. Ich verkroch mich vor Angst unter die Decke. Zum Glück war Tekir noch da.

Ich musste versuchen, alles wieder gutzumachen. Ich rollte den Gebetsteppich von Baba aus und fing an zu beten. Aber nicht zu Allah! Von dem wollte ich erst mal nichts wissen. Ich betete zu Gott, dem Allmächtigen. Gott war gut, und Gott hatte kein Flammenmeer und keine Hölle. Auch wenn ich keine Deutsche bin, wusste ich, dass Gott mich liebte und mir helfen würde. Das hatte Helene mir gerade gestern erst erzählt. Helene ging mit ihren Eltern jeden Sonntag in die

Kirche und betete zu Gott. Wenn Helene mal sündigte, dann musste sie es nur bereuen und in der Kirche dem Pfarrer erzählen. Der telefonierte mit Gott und alles wurde wieder gut.

Bei Allah war das anders. Als ich meine Anne mal nach der Telefonnummer von Allah gefragt hatte, fiel sie fast um vor Schreck.

„Allah ist überall! Hör auf, so zu reden. Das ist Günah!", schrie sie entsetzt.

Vor Allah hatte ich große Angst. Gott war mein Freund, und ich wusste, dass die beiden sich kannten, und Gott würde mich vor Allah beschützen.

„Lieber Gott, bitte hör mir zu, auch wenn ich eine Türkin bin. Ich habe ganz viel gesündigt, und Allah hat es natürlich gesehen und wird sich das alles aufschreiben, und ich werde in der Hölle schmoren. Ich weiß, dass die Brücke mich nicht tragen wird, weil ich so viel gesündigt habe. Allah liebt mich nicht mehr, und mein Baba liebt mich auch nicht mehr. Ich habe niemanden mehr auf dieser Welt. Aber sterben will ich auch nicht, weil ich nicht weiß, ob du mich bei dir aufnimmst. Nach so vielen Sünden kann ich mich bei Allah nicht mehr blicken lassen. Bitte, bitte, lieber Gott, sprich mit Allah und sag ihm, dass es mir sehr Leid tut und dass ich so was Schlimmes nie wieder machen werde. Bitte, lieber Gott, mach, dass ich wieder von Allah geliebt werde und dass er mir verzeiht! Ich danke dir, lieber Gott!"

Wochenlang sprach ich nicht mit Allah, ich wusste ja, dass er böse auf mich war.

Vier halbe Hühnchen ohne Schwein bitte!

Helene und ihre Eltern gingen jeden Sonntag um die gleiche Zeit aus dem Haus. Schäufeles waren sonntags besonders schön gekleidet, und ich stellte mir jedes Mal vor, die Schwester von Helene zu sein. Sie gingen jeden Sonntag in die Kirche und danach immer zum Essen. Am Nachmittag machten sie eine Wanderung über die schwäbische Alb. Helene gefiel das gar nicht, aber sie musste trotzdem immer mitgehen. Wie gerne wäre ich mitgegangen! Nur ein Mal wollte ich wandern gehen. Aber wir verbrachten unsere Wochenenden meistens zu Hause, und ich klebte wie immer am Fenster, um die Schäufeles zu beobachten.

Ich hatte Baba gefragt, ob er mit uns auf die Schwäbische Alb wandern würde.

„Wandern ist deutsch, wir Türken leben anders, und so soll es auch bleiben. Hör auf, über so etwas nachzudenken. Die Deutschen wären froh, wenn sie so sein könnten wie wir. Sei stolz, eine Türkin zu sein. Sei stolz, eine Tochter Atatürks zu sein!", sagte er und zeigte auf den Teppich an der Wand, von dem Atatürk mit der türkischen Fahne in der Hand auf uns herunter sah. Ich war mir sicher, Atatürk wäre auch gerne auf die Schwäbische Alb gewandert, und seinem Stolz hätte das bestimmt nicht geschadet. Aber ich hielt meinen Mund. Baba war sowieso der Meinung, dass ich zu viel redete und meinte, immer alles besser zu wissen.

Anne bügelte, Tekir lag auf der Matratze vor unserem Kohleofen und Mine kämpfte mit ihren Hausaufgaben.

Mine mochte weder die Schule noch die Deutschen. Sie wollte wie unsere Eltern so schnell wie möglich in die Heimat zurückkehren. Ich wollte nie für immer zurück in die

Türkei. Mir reichten die sechs Wochen im Jahr, die wir bei unseren Verwandten verbringen mussten. Die drei Tage Fahrt im Auto, die Verwandten, die unsere Koffer nach Geschenken durchwühlten und uns nur von ihren Geldsorgen erzählten ... Ich wollte nicht zurück!

Das Einzige, was ich in der Türkei liebte, war der Bazar in Istanbul. Der Duft nach Zimt, Henna und Pfeffer. Die goldbeladenen Schaufenster, die schreienden Verkäufer und die leckeren Sesamriegel, die es an jeder Ecke in Istanbul zu kaufen gab. Kein Brot auf der Welt schmeckte so gut wie „Simit". Nicht einmal die Brezeln vom deutschen Bäcker. Istanbul und der Bazar waren wie ein Märchen und das Einzige, was ich in der Türkei mochte.

Mir gefiel es in Deutschland und ich liebte die Deutschen, wie sie aussahen, wie sie sprachen und wie sie sich kleideten. Ich liebte ihren Gott, der immer freundlich war und keine „Schicksalsbrücke" hatte, aber ich war auch stolz, eine Türkin zu sein, denn dann waren meine Eltern besonders lieb zu mir!

Auch wenn ich nicht so sein durfte wie die Deutschen, ich liebte den Geruch von Bratwurst und von Leberkäse. Ich hatte zwar noch nie eine Wurst gegessen, aber jedes Mal, wenn ich mit meiner Anne an der Wurstbude vorbeiging, atmete ich unauffällig ganz tief ein. Mir lief dabei regelmäßig das Wasser im Mund zusammen. Danach entschuldigte ich mich gleich bei Allah und erklärte ihm, dass ich natürlich nie in meinem Leben Schweinefleisch essen würde.

Aber eines Sonntags kam mein Baba nach Hause und sagte: „Kommt Kinder, zieht euch schön an. Ich habe eine Überraschung für euch."

Das musste in der Tat etwas Besonderes sein, sonst wäre

Baba sonntags nie so früh aus dem Café nach Hause gekommen.

Anne holte die Sonntagskleider aus dem Schrank und voller Freude gingen wir los. Baba grinste von einem Ohr zum anderen und lief stolz voraus.

„So, da sind wir endlich. Heute essen wir nicht zu Hause, sondern hier im Wienerwald!"

Baba zeigte auf ein Schild, auf dem ein grünes Hühnchen abgebildet war.

„Aber nicht, dass die uns Schweinefleisch servieren, Hasan. Bist du sicher, dass es nur Huhn ist?", fragte Anne besorgt.

„Nein, vertrau mir, ich war schon mit meinen Freunden hier und es ist sehr gut!"

Mine und ich waren noch nie in Deutschland in einem Restaurant gewesen. Wenn wir im Urlaub in Istanbul waren, aßen wir schon mal in einem Lokal, aber das war etwas ganz anderes.

Baba bestellte für uns alle das gleiche Gericht.

„Vier halbe Hühnchen und Kartoffelsalat ohne Schwein, bitte!"

Die Kellnerin musste lachen. Mine und ich grinsten und schauten auf unsere Servietten, die uns Anne auf den Schoß gelegt hatte.

„Wollen Sie auch etwas zu trinken?", fragte die Kellnerin.

„Ja, vier Fanta", antwortete Baba.

Kaum drehte die Kellnerin uns den Rücken zu, sagte Baba: „Eşoleşek, lacht nicht, wenn ich Deutsch spreche!" Aber dann musste er selbst lachen.

Mine und ich saßen da, freuten uns auf das Essen, und ich war so stolz auf uns! Wenn uns doch nur meine Freundin Helene gesehen hätte. Oder wenigstens Onkel Ali und unsere ganzen Freunde. Wie die Deutschen saßen wir da, und wir sahen alle so schön aus. Anne musste nicht kochen, und es war auch noch ein Sonntag!

Mein Baba sprach immer sehr laut. Plötzlich fiel mir auf, dass die Menschen um uns herum sich gar nicht mehr miteinander unterhielten, sondern uns nur anstarrten.

„Baba, sprich doch leiser, alle schauen uns an", sagte Mine und wurde rot im Gesicht.

„Eşoleşek, schämst du dich für deinen Vater?", schimpfte Baba.

Als die Kellnerin das Essen brachte, hörte man auch von uns nichts mehr.

Das Essen schmeckte einfach umwerfend! Das Hühnchen war knusprig, und der Kartoffelsalat war das Beste, was ich je gegessen hatte.

In unserer kleinen Stadt gab es nicht viele Lokale. An der Pizzeria liefen wir oft vorbei, aber wenn Anne die feinen Leute dort sah, sagte sie gleich: „Das ist nichts für uns, ich wüsste nicht mal, was man dort isst."

Von dem Tag an gingen wir mindestens ein Mal im Monat in den Wienerwald „vier halbe Hühnchen ohne Schwein" essen. Bis Anne eines Tages von der Arbeit nach Hause kam und weinend erzählte, was sie erfahren hatte: Ihr Chef hatte ihr gesagt, dass der schwäbische Kartoffelsalat immer mit einer Fleischbrühe angemacht wird, die aus Schweine- und Rinderknochen gemacht werde.

Während Anne uns das berichtete, musste sie mehrmals auf die Toilette rennen und sich übergeben. Baba schien sich nicht besonders darüber aufzuregen. Im Gegenteil, er war der Meinung, dass wir uns nicht schuldig gemacht hätten, sondern dass dafür andere in der Hölle schmoren müssten. Schließlich hätten wir das ja nicht gewusst.

Allerdings war der Wienerwald für uns gestrichen. Anne musste sogar schon würgen, wenn wir nur am Wienerwald vorbeiliefen.

Leider gingen wir sonntags auch später nie wandern, weil wir Türken eben anders waren.

Gäste zu haben oder Gast zu sein, ist eine große Ehre

Wir Türken sind sehr gastfreundlich und haben viele Freunde. Gäste werden immer königlich bewirtet, und keiner darf hungrig das Haus verlassen. Man bereitet sich Stunden vorher auf den Gast vor, kocht, backt und putzt die Wohnung. Wir freuten uns immer sehr auf Gäste.

Der Spruch „Trage den Gast so unantastbar wie eine Krone auf deinem Haupt" ist in der Tat sehr zutreffend. Ein Gast bringt Segen und Glück ins Haus, er beseelt dein Haus. „Teile dein Brot mit deinem Gast und gib ihm, was Allah dir gegeben hat." Gäste zu haben oder auch Gast bei jemandem zu sein, ist eine große Ehre bei uns.

Eines Tages kam Anne von der Arbeit nach Hause und erzählte uns ganz stolz, dass ihr Abteilungsleiter Herr Huber und seine Frau uns für Sonntagmittag zum Kaffee eingeladen hätten. Meine Anne erzählte viel über ihren Abteilungsleiter, wie nett er auch zu Ausländern sei und wie verständnisvoll. Die Frau von Herrn Huber war vor Jahren einfach auf dem Tennisplatz umgefallen, und als sie wieder wach wurde, konnte sie nicht mehr laufen. Sie saß im Rollstuhl, weil sie einen Schlaganfall gehabt hatte. Ich kannte Herrn Huber auch, weil ich meine Anne mal in der Fabrik besucht hatte. Herr Huber war ein sehr netter Abteilungsleiter und hatte meiner Anne, als ich krank war, einfach frei gegeben. Obwohl er Deutscher war, hatte er zu meiner Verwunderung nur ganz wenig Farben auf dem Kopf. Er hatte sogar einen Bart, wie mein Baba. Meine Anne hatte Frau Huber bei einem Betriebsausflug kennen gelernt und fand sie auch sehr nett.

Baba sagte gleich, dass er nicht mitkommen wolle, weil er sich bei „den Deutschen" nicht wohl fühlen würde. Außerdem könne er sich sowieso nicht auf Deutsch unterhalten. Anne schien das egal zu sein. Sie freute sich über diese Einladung, und wir durften unsere schönen Kleider anziehen. Oh, war ich aufgeregt! Wir waren bei Deutschen eingeladen und dann auch noch bei einem Chef – das war eine große Ehre für uns.

Meine Anne hatte bereits 1970 ihren Führerschein gemacht und war sehr stolz darauf. Mein Baba hatte die schriftliche Prüfung zweimal wiederholen müssen. Meine Anne hatte es gleich beim ersten Mal geschafft.

Wir stiegen in unseren frisch geputzten Ford Taunus ein und fuhren los.

Im Auto gab es wieder einmal genaue Anweisungen von Anne, wie wir uns zu verhalten hatten.

„Ihr dürft nichts anfassen, nicht dazwischenreden und nichts essen, bevor ich es euch erlaube. Wenn ihr etwas wollt, dann fragt ihr mich erst auf türkisch. Ihr bedankt euch immer und seid höflich, sonst dürft ihr nie wieder mitgehen. Ich will mich nicht wegen euch schämen müssen!"

Mine und ich waren zu Hause nicht immer lieb, aber wenn wir irgendwo anders waren, trauten wir uns nicht einmal auf die Toilette. Wir konnten stundenlang dasitzen, ohne ein Wort zu sagen und dabei auch noch lächeln.

Erst wenn meine Anne uns unauffällig zunickte, durften wir uns vielleicht ein Glas Wasser oder einen einzigen Keks nehmen.

Selbst wenn wir bei guten Freunden zu Besuch waren, mussten die Gastgeber meine Anne erst mehrmals inständig bitten, damit wir uns etwas freier bewegen konnten.

Der Abteilungsleiter von Anne wohnte in einem Dorf, das wunderschön war.

Anne sagte: „Hier wohnt sicher kein einziger Ausländer."

Mine und ich waren etwas aufgeregt, aber wir freuten uns trotzdem und waren gespannt, wie es im Haus von reichen Leuten aussehen würde.

Schließlich war Herr Huber der Chef meiner Anne und ein wichtiger Mann in der Fabrik, obwohl er nie eine Krawatte trug. Einmal hatte ich ihn sogar in einer blauen Arbeiterhose gesehen.

Wir parkten unser Auto neben dem Mercedes von Herrn Huber.

„Das sieht aus, als wenn sich ein Wurm mit einer Schlange messen wollte", sagte Anne und wir mussten alle lachen.

Herr Huber öffnete gleich die Tür und begrüßte uns sehr freundlich. Seine Frau saß im Rollstuhl, und wir schauten ihr nur in die Augen, so wie es uns Anne aufgetragen hatte.

Anne sprach viel besser deutsch als unser Baba. Und wenn sie etwas nicht verstehen konnte, übersetzte es Mine. Frau Huber war auch sehr nett, aber manchmal konnte ich sie nicht gut verstehen, weil die eine Hälfte ihres Gesichts ein bisschen schief war. Und trotzdem hatte sie extra für uns einen Kuchen gebacken, den ich überhaupt nicht lecker fand. Ich hatte noch nie einen so sauren und schrecklichen Kuchen gegessen. Herr Huber erzählte uns sehr ausführlich, dass er den Rhabarber selbst angebaut hätte.

Ich war froh, dass es bei uns Türken keinen Rhabarber gab. Bei uns backte niemand einen sauren Kuchen, den hätte auch kein Türke gegessen.

Aber wir mussten natürlich aufessen und mehrmals sagen, wie gut es geschmeckt hätte, obwohl Lügen Günah war. Aber noch schlimmer war es, unhöflich zu sein.

Nachdem wir unseren Kuchen mit viel Wasser runtergespült hatten, sagte Herr Huber, dass wir leider nicht so lange bleiben dürften, weil seine Frau jeden Mittag schlafen müsse. Mine und ich sahen entsetzt zu unserer Anne hinüber.

Wir waren noch gar nicht lange da, und dass man seine Gäste zum Gehen auffordert, war bei uns eine große Beleidigung.

Onkel Ali, den wir seit Jahren kannten, saß oft bis spät in die Nacht bei uns. Mein Baba musste am nächsten Tag früh zur Arbeit und obwohl Baba den Onkel Ali außerdem nicht mochte, hätten weder Anne noch Baba Onkel Ali zum Gehen aufgefordert.

Meine Anne ließ sich nichts anmerken, obwohl ihre Wangen ganz rot wurden. Sie schaute auf die Uhr und sagte, dass wir sowieso gehen müssten, weil unser Baba Nachtschicht hätte. Das war natürlich eine Ausrede, der Müll wurde immer tagsüber abgeholt.

Wir gaben Frau Huber die Hand und bedankten uns nochmals für alles. Herr Huber begleitete uns zur Haustür und sagte, dass er noch eine Überraschung für uns hätte. „Der schenkt uns bestimmt noch Rhabarber", flüsterte Mine und ich musste lachen.

Herr Huber streckte uns zwei blaue Müllsäcke entgegen und sagte: „Die sind für euch. Meine Frau hat ihre alten Kleider aussortiert. Da sind ein paar ganz gute Sachen dabei." Er drückte meiner Anne die Säcke in die Hand.

Meine Anne stand da und sagte nichts. Mine und ich sahen uns an und hofften, dass Anne sie nicht annehmen würde. Wir hatten nicht viel Geld und weil wir so schnell wie möglich in unsere Heimat zurück wollten, mussten wir auch immer sparen. Aber wir hatten noch nie abgetragene Sachen anziehen müssen. Meine Anne nähte uns immer sehr schöne Kleider aus neuen Stoffen. Ich hasste diesen Mann und fand ihn gar nicht mehr nett. Meine Anne bekam ganz rote Flecken im Gesicht. Aber sie bedankte sich bei ihrem Abteilungsleiter und legte die Säcke in den Kofferraum. Jetzt schämte ich mich noch mehr. Warum tat sie das nur?

Mine und ich setzten uns auf die Rückbank des Autos und Anne fuhr gleich los. Mine fing an zu schimpfen und bestand darauf, dass wir Herrn Huber die blauen Säcke wieder vor die Tür stellen sollten. Anne versprach uns, alles sofort wegzuschmeißen. Sie habe es nur aus Höflichkeit angenommen. Anne sagte auch, dass sie ihren Arbeitsplatz nicht verlieren wolle und dass wir Türken höfliche Menschen seien.

„Anne, wir waren doch die Krone auf seinem Haupt, und er hat uns mit Füßen getreten!"

Ich gab Mine einen Klaps, damit sie endlich ihren Mund hielt.

Ich sah im Rückspiegel, dass meiner Anne ganz viele Tränen über ihr schönes Gesicht kullerten.

Wir durften unserem Baba nichts davon erzählen, und meine Anne stellte die beiden Säcke heimlich vor Onkel Alis Haustür ab.

Die verlogene Wahrheit

Die Freundinnen von Anne kamen uns oft besuchen. Ihre Ehemänner saßen, wie mein Baba auch, immer im Café und spielten Karten. Nur bei Tante Birsen war es anders, denn die hatte keinen Mann mehr, weil sie sich von ihm hatte scheiden lassen. Tante Birsen konnte ich nie leiden. Sie wollte mich mit ihrem Sohn verheiraten. Das flüsterte sie mir immer, wenn ich sie sah, ins Ohr, und jedes Mal wurde ich ganz rot im Gesicht. Ich hatte es Anne schon mal gesagt, aber die meinte nur, dass Tante Birsen es nicht ernst meinen würde. Schließlich sei ich erst fünfeinhalb Jahre alt. Ich schämte mich trotzdem und es machte mich wütend. Ich würde doch nie einen türkischen Mann heiraten und erst recht nicht mit fünf Jahren! Aber Tante Birsen konnte es nicht lassen. Sie ärgerte mich weiterhin und einmal hatte sie sogar ein Foto von ihrem Sohn mitgebracht. Die Kinder lebten in der Türkei bei den Großeltern und gingen dort zur Schule. Tante Birsen war sehr stolz auf ihre Söhne. Sie hatte sich von ihrem Mann scheiden lassen, weil er sie immer geschlagen hatte. Sie hatte ihre zwei Söhne in die Türkei gebracht, damit sie so schnell wie möglich Geld verdienen konnte, um sich in Ostanatolien ein Haus zu kaufen.

Die Eltern von Tante Birsen hatten sie zuerst verstoßen, weil Birsen sich von ihrem Mann getrennt hatte. Aber als sie ihrem Baba monatlich ganz viel Geld überwies, kam alles wieder in Ordnung. „Geld stellt sogar die Ehre wieder her", sagte Birsen immer.

Tante Birsen besuchte uns nur, wenn Baba nicht zu Hause war. Sie war bei den türkischen Männern nicht besonders beliebt, nicht nur weil sie eine geschiedene Frau war.

„Sie ist männerfeindlich, und ihre Zunge hat keinen Knochen“, sagte Baba.

Anne war da anderer Meinung: „Ihre Familienangelegenheiten gehen uns nichts an. Allah allein entscheidet über Gut und Böse. Wir dürfen sie nicht verurteilen!“

Und manchmal flüsterte Anne: „Birsen sagt nicht immer Unrechtes.“

Aber die Männer waren sich einig: Wenn Birsen eine anständige Frau gewesen wäre, hätte sie ihren Mann nicht zum Teufel gejagt. Birsen war eine Hure!

Wenn Baba nicht zu Hause war, sagte Anne oft: „Ich bewundere den Mut dieser Frau!“

Tante Birsen zeigte mir wieder mal ein Foto von ihrem Sohn Volkan.

„Schau Nilgün, das ist mein jüngster Sohn. Ist er nicht wunderschön? Gefällt er dir?“ Ich zuckte nur mit den Schultern.

Volkan war hässlich! Er hatte natürlich nur wenig Farben auf dem Kopf und sah aus wie ein Türke. Diese Frau machte mich jedes Mal wütend, und am liebsten hätte ich sie an ihren schwarzen, fettigen Haaren gezogen.

„Nein! Er gefällt mir überhaupt nicht“, schrie ich Tante Birsen an. „Und außerdem würde ich nie einen Türken heiraten. Erst recht nicht so einen hässlichen wie deinen Sohn. Und geschieden bist du auch noch!“

Anne schnappte mich am Arm, schüttelte mich, dass es weh tat, und schrie mich an: „Schämst du dich nicht, so mit Tante Birsen zu sprechen? Los, entschuldige dich sofort bei ihr!“

„Ich werde mich nicht entschuldigen und schon gar nicht bei einer Hure!“

Mein Geschrei wurde wieder mal mit einer Ohrfeige beendet. Die Ohrfeigen von Anne waren zum Glück nicht ganz so schlimm wie die von Baba. Es brannte immer nur kurz auf der Wange und es klingelte nicht so lange in den Ohren. Ich verschwand gleich im Kleiderschrank, drückte mir die Kleider an die Ohren und weinte.

Baba mochte Birsen doch auch nicht, und er sagte schließlich immer, sie sei geschieden und deshalb sei sie eine Schlampe. Ich hasste diese Frau.

Ich hörte, wie Anne sich bei ihr entschuldigte und sich vor allen Leuten darüber beklagte, was für ein unmögliches und unerzogenes Kind ich sei, und dass es an der Zeit wäre, so schnell wie möglich in die Heimat zurückzukehren. Schließlich wäre ich doch nur so rebellisch, weil ich die deutschen Kinder nachahmen würde.

„Hier kann man ja sein eigenes Kind nicht erziehen wie man will. In Deutschland ist es verboten, seine Kinder zu schlagen! Da muss man Angst haben, dass die Polizei kommt und einem das Kind wegnimmt", sagte Anne.

„Schläge kommen aus dem Paradies, das steht sogar im Koran", sagte Tante Serife.

„Wer seine Tochter nicht schlägt, der wird eines Tages großes Leid erfahren!", sagte Anne.

Die dicke Fatma bestätigte den Spruch „Wer seine Tochter nicht schlägt, der wird eines Tages großes Leid erfahren", und alle seufzten.

Plötzlich tat es einen Schlag. Birsen Teyze fing an, ganz laut zu sprechen: „Redet doch nicht so einen Schwachsinn", schrie sie. „Von wegen, wer seine Tochter nicht schlägt, wird eines Tages großes Leid erfahren! In welchem Koran soll das stehen? Hat jemals eine von euch den Koran wirklich gelesen?"

Großes Schweigen. Keine der Frauen gab eine Antwort. Die dicke Fatma sagte nur, ihre Großmutter habe diesen Spruch auch schon immer benutzt. Doch bevor sie ihren Satz beendet hatte, wurde sie von Birsen unterbrochen.

„Unsere Großmütter hätten uns lieber Märchen erzählen sollen und nicht solch einen Mist!"

Leise kletterte ich aus dem Kleiderschrank, um Tante Birsens Worte besser verstehen zu können.

„Darunter haben wir jahrelang gelitten, ihr leidet sogar immer noch und erzählt diesen Unsinn doch tatsächlich euren Töchtern weiter! Wann wollt ihr endlich aufwachen? Ihr werdet nach wie vor geschlagen und bringt euren Töchtern bei, dass das richtig ist!? So etwas Dummes steht weder im Koran noch im Gesetz. Das sind Sprüche von Macho-Männern, die sich gern hinter der Religion verstecken, wenn es um die Unterdrückung der Frauen geht."

Diesmal unterbrach meine Anne Birsens wütende Rede und versuchte, sie zur Vernunft zu bringen. Sie solle Allah nicht beleidigen. Aber Birsen ließ sich nicht beruhigen. Im Gegenteil, sie wurde noch lauter.

„Ja, Allah! Immer wenn es für euch eng wird, müssen Allah oder der Koran herhalten."

Birsen Teyze sagte, dass sie den Koran und die Bibel gelesen habe, und es seien beides Gottesbücher, die mit Frieden und Liebe erfüllt seien.

Daraufhin wurde die dicke Fatma böse und drohte Birsen mit der ewigen Hölle, wenn sie es wagen würde, den Koran mit der Bibel zu vergleichen.

Birsen Teyze erhob ihre Hände zu Allah. „Verbrennen soll er mich und meine Kinder, wenn ich ein falsches Wort gesagt habe. Alle Gottesbücher sind erfüllt mit Liebe, Erbarmen und Frieden. Religionen sind Wege, die zu Gott führen. Aber wichtig ist nicht der Weg, sondern das Ziel. Gott ist für alle Menschen wichtig. Nehmt euren Kindern nicht das Wichtigste im Leben weg, indem ihr Allah als Werkzeug für eure Zwecke einsetzt!"

Ich verstand nicht so ganz, was Birsen sagte, und ich glaube, die anderen Frauen im Wohnzimmer auch nicht. Trotzdem wurden alle still und nachdenklich.

Plötzlich sagte Birsen Teyze noch: „Außerdem hat mich die Kleine nicht beleidigt. Sie hat nur die Worte eurer Männer auf der Zunge gehabt."

Ich traute meinen Ohren nicht. Birsen Teyze verteidigte mich, obwohl ich sie beleidigt hatte.

Sie stand auf und ging zur Tür.

„Benutzt die Religion nicht als Werkzeug und lasst es nicht zu, dass eure Männer das Gleiche mit euch tun."

Birsen Teyze sah mir direkt in die Augen und lächelte mich an. Ich fühlte mich ertappt und verschwand gleich hinter der Schlafzimmertür.

„Die ist doch nur frustriert, weil sie keinen Mann hat", sagte Fatma.

„Sie ist gottlos!", meinte eine andere Frau.

„Aber sie hat angeblich den Koran und die Bibel gelesen", gab Annem zu bedenken.

Auch wenn ich nicht alles verstanden hatte, blieben viele von Birsens Worten in meinen Ohren hängen.

Aber durfte man solche Gedanken haben? War Allah nicht böse mit mir? Und war Allah derselbe wie Gott, und ging es im Koran wirklich um Liebe und Frieden wie in der Bibel auch?

Nur einmal an Weihnachten so sein wie die Deutschen

Es war der 24. Dezember 1973, und in Deutschland war es wieder Weihnachten, der Geburtstag des Propheten Isa. Isa ist nicht unser Prophet und wir feierten auch kein Weihnachtsfest, aber Anne kaufte für uns jedes Jahr auf dem Wochenmarkt einen echten Weihnachtsbaum. Geschenke gab es natürlich auch nicht, und trotzdem waren meine Schwester und ich immer sehr aufgeregt. Meistens fuhren wir an Weihnachten in die Schweiz zu meinem Onkel Mehmet. Diesmal wollten wir erst am 25. Dezember fahren, da Baba am 24. noch arbeiten musste. Draußen war es sehr kalt, und der Schnee war grau und schmutzig. Meine Schwester Mine und ich hüpften Seil. Jedes Mal wenn das Seil in eine schmutzige Pfütze knallte, hatten wir einen Riesenspaß. Ich glaube, außer uns beiden war niemand mehr auf der Straße. Helene schaute aus dem Fenster und machte ein sehr trauriges Gesicht. Wahrscheinlich war ihr wieder einmal verboten worden, mit uns zu spielen. Herr Schäufele lief hektisch an uns vorbei. Er war noch schöner gekleidet als sonst. Kurz darauf kam Helene runter, schnappte mich am Arm und zog mich zu ihrem Haus. Zuerst wollte ich nicht, weil ich wusste, dass ihr Vater schimpfen würde. Doch sie zerrte mich einfach weiter und sagte ganz aufgeregt: „Komm Nilgün, du darfst mit rein, meine Mama hat es erlaubt. Papa ist zur Oma gegangen und kommt erst ganz spät wieder nach Hause."

Diesmal war mir das Haus mit den wunderbaren Bildern an den Wänden und dem weichen blauen Teppich völlig egal. Der Duft nach Essen war bereits vor der Haustür nicht auszuhalten. Mein Mund wurde ganz wässrig, und ich bekam furchtbaren Hunger.

Es roch so unbeschreiblich lecker nach Zimt, Braten und Kuchen und nach allen möglichen leckeren Sachen, die ich nicht kannte.

„Hmm, bei euch riecht es aber gut! Was kocht denn deine Mama?"

„An Weihnachten gibt es bei uns immer eine Gans mit Rotkohl und Knödeln und danach Bratäpfel mit Vanilleeis", antwortete Helene und plötzlich stand ihre Mutter vor uns und schüttelte den Kopf. „An Heiligabend, Helene, heute ist Heiligabend und morgen ist Weihnachten", sagte Frau Schäufele und verschwand gleich darauf in der Speisekammer.

Ich blieb abwartend im Flur stehen, da ich nicht aufdringlich sein wollte.

Frau Schäufele drehte sich um und fragte: „Na, feiert ihr denn auch Weihnachten oder kümmert euch ein christliches Fest gar nicht?"

Ich musste aufpassen, was ich sagte, schließlich hatte ich lange darauf warten müssen, bei Schäufeles aufgenommen zu werden.

„Wir haben sogar einen Weihnachtsbaum, den wir geschmückt haben, und meine Mama macht heute auch eine Weihnachtsgans!"

Meine Antwort schien Frau Schäufele nicht zu gefallen. Sie drehte sich um, murmelte noch etwas und ging in die Küche. In die Küche! Dorthin wäre ich am liebsten auch gegangen. Wenn ich nur einen Blick auf diese Weihnachtsgans hätte werfen können! Ich wollte sie nur einmal sehen. Ich hatte noch nie eine echte Weihnachtsgans gezeigt bekommen. Aber da kam mir eine Idee. Ich bat Helene um ein Glas

Wasser. Helene ging in die Küche und ich folgte ihr. Das Wasser lief mir nun erst recht im Mund zusammen. Ich schaute unauffällig in den Backofen und sah die Gans. Das war ein Anblick! Wenn ich nur ein kleines Stück davon bekommen hätte, wäre ich der glücklichste Mensch auf Erden gewesen. Bei uns Türken war es üblich, einen Gast zum Essen einzuladen, wenn er das Essen gesehen oder gerochen hatte. Wenn der Gast keine Zeit zum Mitessen hatte, gab meine Anne ihm etwas mit. Anne sagte immer: „Wenn der Gast nicht von dem probiert, was er gerochen hat, wird er vielleicht vor Sehnsucht krank, dann sind wir daran schuld!" Diese Sitte mochte ich sehr, aber es war eine türkische Sitte und keine deutsche, und Frau Schäufele kannte sie leider auch nicht. Ich nahm einen Schluck Wasser, verabschiedete mich ganz schnell und rannte nach Hause. Meine Anne musste unbedingt auch eine Weihnachtsgans machen.

„Anne, du musst auch eine Gans machen, aber die muss nach Äpfeln und Zimt riechen, und du musst so runde Bälle dazu machen. Wie heißen die noch mal? Ja Knödel, du musst Knödel dazu machen!" Ich war ganz aufgeregt und umarmte meine Anne in der Hoffung, dass sie „ja" sagen würde.

„Nilgün, beruhige dich. Wir feiern kein Weihnachten und wir glauben nicht an Isa. Unser Prophet ist Mohammed."

Mir war es egal, an was wir an dem Tag glauben sollten, ich wollte nur eine Weihnachtsgans, runde Bälle und Bratäpfel mit Vanilleeis!

Anne nahm mich auf den Arm und erklärte mir wieder mal, dass wir Türken anders und nur zu Gast in Deutschland seien, und dass wir auch nie versuchen sollten, so zu sein wie die Deutschen, denn das sei nach dem Islam ein besonders großes Vergehen.

Danach vergoss meine Anne wieder einmal ein paar Tränen, gab mir einen Kuss und lächelte. Dann öffnete sie den Kühlschrank: „Baba hat eine Gans vom Wochenmarkt mitgebracht und die kommt nachher in den Backofen. Wir bekommen heute Abend Besuch", sagte sie und zeigte mir eine Gans, die noch größer war als die von Schäufeles. Es war perfekt! Wir hatten einen Weihnachtsbaum mit echten Plastikkugeln, eine Gans und draußen schneite es. Es war Weihnachten. Auch für uns!

Baba musste noch zu Onkel Ali, um mit ihm einen Kleiderschrank aufzubauen. Ich ging mit, weil es bei Onkel Ali immer viel zu sehen gab. Sein ganzer Garten stand voller Möbel, Kühlschränke, Kisten mit abgelegten Kleidern und er hatte sogar alte Spielsachen. Bei Onkel Ali konnte man sich die Zeit gut vertreiben. Trotzdem konnte ich es kaum abwarten, wieder zu Hause zu sein. Am meisten freute ich mich natürlich auf die Weihnachtsgans. Mein Magen knurrte, und der Duft von Schäufeles Gans schwirrte immer noch durch meine Nase.

Als wir nach Hause kamen, war es bereits dunkel und ich freute mich auf das Essen. Ich rannte die Treppen hoch und blieb auf dem ersten Absatz stehen. Im Treppenhaus roch es nicht wie bei Schäufeles nach Weihnachtsgans, Zimt und Apfel. Es roch nach Knoblauch. Das mussten die Nachbarn sein, dachte ich und rannte weiter. Ich riss die Wohnungstür auf, ging gleich in die Küche und öffnete den Backofen. Der Knoblauchgeruch umnebelte mich und die „zerhackstückelte" Gans auf dem Backblech mit Hunderten von Knoblauchzehen ließ mich erstarren. Ich konnte es nicht glauben. Es war so schrecklich! Ich war so enttäuscht, so traurig und wütend zugleich. Ich knallte den Backofen zu und schrie meine Anne an: „Das ist keine Weihnachtsgans, das ist eine blöde

Türkengans! Ich will keine Gans mit Knoblauch. Ich will einmal so sein wie die Deutschen!"

Ich rannte aus der Küche, sperrte mich in die Toilette ein und fing an zu weinen. Ich stopfte die ganze Klopapierrolle in die Toilette und schlug mit den Schuhen gegen die Tür. Nur weil wir Türken waren, durften wir nicht mal unsere Gans so zubereiten wie die Deutschen. Sogar das war Günah. Alles war Günah und alles war so schrecklich. Plötzlich hörte ich ein Schluchzen. Ich schlich auf Zehenspitzen zur Tür und presste mein Ohr an das Holz.

Ich schob leise den Riegel auf, öffnete die Tür und sah meine Anne auf dem Boden kauern.

Sie nahm mich weinend in die Arme und flüsterte mir ins Ohr, dass sie sehr traurig sei, aber dass wir nie so sein könnten wie die Deutschen. Ich nickte und drückte mich fest an meine Anne.

Ich fühlte mich schuldig und bat meine Anne um Verzeihung.

Später am Abend war das Haus wieder voll, und alle genossen die Gans. Ich wollte nichts essen, verkroch mich unter meiner Bettdecke und stellte mir vor, wie Schäufeles in ihrem Wohnzimmer saßen und die leckeren Bälle mit der Weihnachtsgans aßen. Der bunt geschmückte Weihnachtsbaum leuchtete im Hintergrund und Geschenke warteten darauf, ausgepackt zu werden.

Ich wollte nur ein Mal an Weihnachten so sein wie die Deutschen, nur ein einziges Mal!

Straßen voller Sehnsucht

Die Sommerferien begannen, und Mine kam am letzten Schultag mit einem schlechten Zeugnis nach Hause. Mine sagte immer, dass ihre Lehrerin sie nicht leiden könne und sie deshalb so schlechte Noten hätte. Alle Türken hätten schlechte Zeugnisse, weil man die türkischen Kinder nicht auf der Schule haben wollte. Anne seufzte und schüttelte wortlos den Kopf. Baba sah sich das Zeugnis nie an, weil er immer der Meinung war, dass unsere Tage in Deutschland gezählt seien, und Mine bald in Istanbul in die Schule gehen würde.

Unsere Urlaubsvorbereitungen waren in vollem Gange. Anne und Baba kamen mit prall gefüllten Tüten nach Hause. Unsere Verwandten in der Heimat freuten sich jedes Jahr auf Schokolade, Kaffee und diverse Geschenke.

Ich hasste die Reise nach Istanbul mit unserem Ford Taunus. Wir saßen zwei Nächte und drei Tage lang im Auto. Meine Anne sagte immer, dass die Straßen voller Sehnsucht seien. Man würde die Sehnsucht der Menschen sogar riechen. Ich roch nur den Zigarettenrauch von Baba und die Abgase, wenn wir wieder mal im Stau standen.

Vor lauter Langeweile stritten wir uns die ganze Zeit. Aber ich hatte eine gute und wirkungsvolle Ausrede für kleine Pausen. Unser Baba wollte so wenig wie möglich anhalten, aber wenn ich „cisim geldi", ich muss Pipi, schrie, hielt er sofort an.

Das tat ich aber nur, wenn ich kurz vorher einen Tankstellenhinweis gesehen hatte. Wir bekamen nach Pipi-Pausen nämlich immer ein Eis oder eine Tüte Chips.

Die Tankstellen und die Straßen waren voll von unseren

Landsleuten. Ihre Autos waren meist so beladen, dass man die Menschen darin kaum erkennen konnte. Alle schliefen in ihren Autos, und in den Pausen tauschten wir unser Essen.

Je näher man der Heimat kam, desto glücklicher wurden die Gesichter der Menschen. Es war zwar sehr anstrengend, aber trotzdem herrschte fast immer eine fröhliche Stimmung auf den Straßen. Natürlich gab es auch Schlägereien, wenn einer es wagte, im Stau rechts zu überholen. Schließlich wollten alle so schnell wie möglich nach Hause kommen. Aber Schlägereien waren wir gewohnt und natürlich waren sie eine aufregende Abwechslung für uns.

Bereits in München fing meine Schwester an zu fragen: „Anne, wie lange fahren wir noch? Wann sind wir endlich da?"

Diese Frage stellten wir in drei Tagen sicher tausendmal und bekamen immer die gleiche Antwort: „So Allah will, bald." Irgendwie schien Allah nicht zu wollen, denn die Reise dauerte eine Ewigkeit.

„Anne, ich muss Pipi!", schrie ich also wieder unmittelbar nach einem Tankstellenhinweis, mein Baba runzelte die Stirn, fluchte wie immer sein „Eşoleşek", aber das war nun mal die einzige Möglichkeit, die Fahrt zu unterbrechen und an ein Eis zu kommen.

Gleich nach der türkischen Grenze, in der Stadt Edirne, stürmten viele Menschen aus ihren Autos, knieten sich auf die Erde und berührten den Boden mit ihrer Stirn. Einige rollten ihre Gebetsteppiche aus und fingen an zu beten. Anne seufzte dann jedes Jahr: „Endlich ist die Sehnsucht der Menschen erfüllt!"

Es war wie Zauberei. Sobald wir in der Türkei waren, waren unsere Eltern ganz anders. Ausgelassene Fröhlichkeit herrschte im Auto, und alle waren lieb und lustig.

Wir fuhren in das nächste Restaurant und Baba bestellte für uns alle Kebap und Ayran.

Wir verbrachten sechs Wochen in Istanbul mit unseren Verwandten. Jeden Tag wurden wir woanders eingeladen und hatten natürlich für jeden Gastgeber Geschenke dabei. Kaffee, Schokolade, Kleidung und für die Geschwister von Anne und Baba gab es sogar elektrische Geräte wie Bügeleisen, Mixer oder einen Eierkocher. Wir wurden begrüßt, und als Nächstes wurden die Geschenke begutachtet. Manchmal bekamen wir Sprüche zu hören wie: „Hasan, habt ihr in Alamanya keine gute Arbeit, hat es nicht zu einem größeren Geschenk gereicht?"

Dann lachten alle ganz laut, obwohl jeder im Raum wusste, dass es nichts zu lachen gab.

Um den Erwartungen der Verwandten nachzukommen, nahmen unsere Eltern sogar einen Kredit auf.

Anne war nach jedem Besuch immer sehr traurig und meinte: „Wenn wir keine Geschenke dabei hätten, würden sie uns nicht mal anschauen."

Baba nickte dann und ihre gute Laune verwandelte sich in bedrücktes Schweigen.

Nach jedem Urlaub versprachen sich Anne und Baba, nie wieder so lange Urlaub zu machen und nie wieder so viel Geld für Geschenke auszugeben. Anne war nach den sechs Wochen ganz erschöpft und Baba hatte dunkle Augenringe, weil er jeden Tag Raki getrunken hatte.

Auf der Fahrt zurück nach Deutschland mussten wir beim Überqueren der Bosporus-Brücke trotzdem alle weinen. Jeder schaute noch mal zurück und die traurigen Blicke meines Babas im Rückspiegel werde ich nie vergessen. Baba gab nie zu, dass er weinte. Er sagte höchstens: „Ich habe etwas ins Auge bekommen." Und: „Männer weinen nicht!" Dabei wussten alle, dass auch mein Baba Tränen vergoss. Ich weinte eigentlich nur, weil meine Anne weinte.

Mine und ich fragten nun gar nicht mehr, wann wir endlich da sein würden, weil unser Baba dann immer sehr böse wurde. „Du kannst es wohl nicht erwarten, wieder in Deutschland zu sein?", sagte er dann und hob seine schwarzen Augenbrauen bis hinauf zum Haaransatz.

Auf der Rückfahrt häuften sich die Schlägereien auf den Parkplätzen. Die Menschen waren nicht mehr so freundlich zueinander und man sah kaum noch ein glückliches Gesicht.

„Jetzt sieht man den Menschen die Sehnsucht wieder an", sagte Anne.

Sei stolz auf deinen Namen

Eigentlich durfte ich die Wohnung nicht verlassen, bevor Mine aus der Schule nach Hause kam, aber es war Sommer und das Wassereis vom Bäcker ging mir nicht aus dem Kopf! Ich hielt die nötigen 30 Pfennig bereits in der Hand und kämpfte noch mit meinem Gewissen und meiner Angst. Wahrscheinlich musste ich sogar nicht einmal lügen, weil Anne mich nicht immer danach fragte, ob ich das Haus verlassen hätte oder nicht. Ich wollte meine Anne nicht anlügen, weil das Günah war, und außerdem hatte ich in letzter Zeit ziemlich viel angestellt. Aber ich beruhigte mich damit, dass ich mir vorstellte, Allah könne sich doch nicht den ganzen Tag für mich interessieren. Ich würde so schnell rennen, dass es Allah gar nicht mitbekäme.

Bäcker Hägele war nicht weit weg von uns und ich durfte

ja auch ab und zu ganz alleine Brot kaufen gehen. Aber nur wenn Mine, Anne oder Baba zu Hause waren. Meine Anne würde das ja überhaupt nicht merken, dachte ich, und machte mich auf den Weg. Ich rannte, so schnell ich konnte, und kam endlich beim Bäcker an.

„Drei Wassereis mit Apfel bitte."

Die mit Apfelgeschmack waren die besten! Mine kaufte sich immer die mit Cola-Geschmack und Helene liebte Erdbeere.

„Heute kein Mischbrot?", fragte mich die Verkäuferin. Ich schüttelte nur den Kopf und machte mich rasch auf den Heimweg. Unterwegs schlürfte ich schon ein Eis und sah von weitem, wie Tekir am Fenster auf mich wartete. Ich rannte die Treppen hoch. Da kam plötzlich eine fremde Frau auf mich zu. Ich blieb stehen und starrte sie an. Sie hatte schöne blaue Augen und blonde, ganz kurze Haare. Ich hatte noch nie eine Frau gesehen, die so kurze Haare hatte. Meine Großmutter sagte immer: „Eine Frau braucht lange Haare und ein Mann seine Ehre." Und trotzdem sah diese Frau wunderschön aus.

Sie blieb vor mir stehen und lächelte mich an.

„Na, wo kommst du denn her? Und wie heißt du?", fragte sie mich und beugte sich ganz tief zu mir runter.

Ich versuchte, ohne etwas zu sagen an ihr vorbeizukommen. Aber der Flur war so eng, dass ich keine Chance hatte. Also blieb ich stehen und lächelte sie nur an.

„Kannst du kein Deutsch? Bist du alleine zu Hause?"

Meine Knie fingen an zu zittern und ich war den Tränen nah, aber auf keinen Fall durfte ich weinen. Das ist die Frau, die mich mitnehmen will, dachte ich. Oh Allah, bitte bestrafe mich anders. Ich will nicht bei einer deutschen Familie leben und schon gar nicht ohne meine Anne und ohne Tekir.

„Natürlich kann ich Deutsch! Und ich bin auch nicht alleine zu Hause. Meine Mama ist Brot kaufen und kommt in fünf Minuten wieder zurück!"

Ich nahm meinen ganzen Mut zusammen und machte wieder einen Schritt zur Türe. Ich stand so nah bei dieser Frau, dass ich sogar ihr Parfüm riechen konnte. Jetzt sah ich, dass sie blaue Wimpern hatte und ganz glänzende Lippen.

„Wie heißt du denn, wie ist dein Name?"

Ich überlegte kurz, richtete mich ganz stolz auf und sagte: „Ich heiße Helene. Helene Schäufele und mein Vater ist ein wichtiger Mann bei der Stadt!"

„Du hast aber einen schönen Namen. Ich heiße Elke und arbeite auf dem Jugendamt", sagte die Frau und ging einen Schritt zurück. Ich wusste es, die wollte mich mitnehmen und danach meine Familie in die Türkei schicken, und mich hätte sie sicher zu einer deutschen Familie gebracht. Meine Angst wurde immer größer und ich wollte so schnell wie möglich in die Wohnung hinein.

„Meine Mama kommt sicher gleich, und wenn sie sieht, dass ich mit fremden Menschen spreche, kriege ich Ärger", sagte ich und wagte mich in Richtung Wohnungstür.

Die Frau strich mir übers Haar und sagte: „Helene, du hast wirklich einen hübschen Namen und sag deiner Mama liebe Grüße von mir, sie soll dich das nächste Mal nicht alleine lassen." Ich nickte eifrig, grinste und schloss die Tür schnell hinter mir zu. Ich kletterte in den Kleiderschrank, und außer meinem Herzklopfen war nichts mehr zu hören.

Irgendwann kam meine Schwester nach Hause und ich traute mich aus dem Kleiderschrank heraus. Ich erzählte ihr alles, und Mine schimpfte natürlich mit mir. Aber sie versprach, es Anne und Baba nicht zu erzählen.

Am Abend konnte sie natürlich ihre Klappe doch nicht

halten und petzte alles. Anne hatte keine Angst, dass die Frau wiederkommen und mich mitnehmen würde, sie wurde nur furchtbar böse, dass ich nicht meinen richtigen Namen gesagt hatte.

„Sei stolz auf deinen Namen und darauf, dass du eine Tochter Atatürks bist und keinen deutschen Namen hast. Jeder türkische Name hat eine Bedeutung. Du bist eine Türkin, vergiss das nie!", schrie sie mich an. Ja, wie hatte ich das nur vergessen können ...

Eine Muselmanin im Kindergarten

Anne kam immer kurz nach Helenes Papa von der Arbeit nach Hause. An diesem einen Tag war es anders.

Mine und ich hatten ein Nutella-Brot gegessen und wollten gerade zum Spielen nach draußen gehen, da stand Anne plötzlich strahlend vor uns. Sie nahm mich auf den Arm und sagte: „So, Nilgün, ab morgen musst du nicht mehr alleine zu Hause bleiben. Wir haben endlich einen Kindergartenplatz für dich!"

Ich freute mich sehr darüber, dass Anne früher von der Arbeit nach Hause kam, aber die Nachricht von dem Kindergartenplatz fand ich nicht so schön. Ich wollte nie in einen Kindergarten, und ich war ja auch gar nicht allein. Mir gefiel es mit Tekir zu Hause sehr gut. Anne nahm uns an der Hand und wir gingen gemeinsam einkaufen. Ich bekam rote Hausschuhe, eine kleine Tasche mit einem Marienkäfer drauf und einen rosa Schlafanzug. Mine durfte sich ein neues Mäppchen und eine Regenjacke aussuchen. So langsam gefiel mir die Geschichte mit dem Kindergarten und ich dachte, na, wer weiß, vielleicht ist es ja doch ganz schön, mit anderen Kindern zusammen zu sein.

Wir wohnten genau gegenüber vom Kindergarten, konnten aber wegen der hohen Mauer nicht hineinsehen. Diese schreckliche Holzfigur, der Mann mit den Nägeln in Händen und Füßen, machte mir immer noch große Angst. Aber vielleicht war es ja hinter der Mauer nicht ganz so schrecklich.

Am nächsten Morgen durfte ich nicht ausschlafen. Anne machte mir ein Nutella-Brot und wir gingen los. Obwohl ich noch nie in einem Kindergarten war, hatte ich Angst. Helene war auch in einen Kindergarten gegangen, aber nicht in diesen.

Wir traten durch die große Mauer, und ich versuchte, den Mann mit den Nägeln in der Hand gar nicht anzuschauen. Ich klammerte mich ganz fest an meine Anne.

Plötzlich standen wir in einem wunderschönen Garten mit einer Rutsche und einem Sandkasten. Meine Angst wurde weniger, bis ich die Frau im schwarzen Gewand sah, die mit großen Schritten auf uns zukam und nicht gerade freundlich dreinblickte.

„Du bist sicher die kleine Türkin, wie heißt du doch gleich? Mülgin oder so?"

„Nilgün heißen meine Tochter, bitte", antwortete Anne sehr freundlich und hoffte wahrscheinlich auf ein Gegenlächeln. Die Frau schaute immer noch böse und zupfte ihr Gewand zurecht.

Wenn Anne aufgeregt war, sprach sie ein schlechtes Deutsch und ich konnte nicht mal schlucken, weil der Kloß in meinem Hals immer größer wurde. Die Frau nahm mich an der Hand und zerrte mich von Anne weg. Ich fing an zu schreien und klammerte mich noch fester an meine Anne.

Ich wollte da nicht bleiben, ich wollte wieder nach Hause. Meine Anne redete beruhigend auf mich ein und sagte immer wieder, dass sie mich in ein paar Stunden abholen würde, und versprach sogar, mir ein neues Kleid zu nähen. Aber ich wollte keine neuen Kleider, ich wollte nur ganz schnell weg von dieser Frau.

Als Anne weinend durch das Tor in der großen Mauer verschwand, wurde mir klar, dass ich dort bleiben musste. Ich wischte meine Tränen ab und versuchte, tapfer zu sein.

„Ich bin die Schwester Annemarie und eins sage ich dir gleich, wenn du hier nicht lieb bist, dann gnade dir Gott!", schimpfte sie und zerrte mich in einen Raum, in dem ganz viele Kinder auf dem Boden saßen. Ich setzte mich dazu, starrte auf meine Füße und versuchte, meine Tränen zurückzuhalten.

Dann fingen alle an zu singen und klatschten in die Hände. Ich war immer noch ruhig und hoffte, bald wieder von Anne abgeholt zu werden. Meine Angst wurde aber einfach nicht weniger, und so fing ich wieder ganz leise zu weinen an. Die Kinder machten verschiedene Spiele, und ich wusste nicht, ob ich mitmachen sollte oder nicht. Also blieb ich lieber sitzen und verzog mich später in eine Ecke. Schwester Annemarie sah immer wieder einmal zu mir her, zog ihre Augenbrauen nach oben und schüttelte den Kopf.

Nach einer Weile gab es Mittagessen. Ich hatte großen Hunger, durfte jedoch nicht mitessen, denn es gab Würstchen mit Ketchup und Brot. Ich wusste, dass man auf jeden Fall in die Hölle kommt, wenn man Schweinefleisch isst. Mein Nutella-Brot durfte ich nicht auspacken, weil es verboten war, Essen mitzubringen. Man musste essen, was auf den Tisch kam. Alle Kinder und Schwester Annemarie beteten. Da konnte ich auch nicht mitmachen. Ich durfte doch nur zu

Allah beten und mit Gott sprach ich heimlich. Aber das durfte ja niemand wissen. Schwester Annemarie sah mich noch böser an und sagte: „Gott wird dich dafür strafen. Eines Tages wirst du nichts mehr zu essen haben." Alle Kinder starrten mich an und ich schämte mich sehr.

Ich hätte mir so gerne wenigstens etwas Ketchup auf mein Brot geschmiert, aber nicht mal das ging, da alle Kinder ihre Würstchen in die Schüssel mit dem Ketchup hineintunkten. Womöglich hätte ich dann auch etwas vom Schwein abbekommen.

Nach dem Essen mussten wir alle unsere Zähne putzen und ins Bett gehen. Ich wollte nicht schlafen und erst recht nicht in einem dunklen Zimmer. Ich klammerte mich an Schwester Annemarie und bat sie weinend, mich nicht in dieses Zimmer zu stecken. Da wurde sie plötzlich ganz furchtbar wütend, schrie mich an, schüttelte mich und versohlte mir so fest den Hintern, dass ich vor lauter Schmerz nur noch schrie. Schluchzend lag ich dann in diesem schrecklich dunklen Zimmer. Diesmal betete ich zu Allah. Ich hatte nicht gesündigt und ich wusste, wenn mir jemand helfen konnte, dann nur Allah. Gott hatte mich schwer enttäuscht. Gott und seine „Frauen" waren böse. Ich wollte nie wieder was von ihm wissen!

Irgendwann schlief ich weinend ein.

Ich glaube, das Aufwachen an diesem Kindergartentag war eines der schlimmsten Erlebnisse meines Lebens. Schwester Annemarie schlug schon wieder auf mich ein und zerrte mich aus dem Bett. Unter lautem Gezeter riss sie mir die Kleider vom Leib. Und ich wusste immer noch nicht, was ich getan hatte. Nachdem sie mich ein paar Mal geohrfeigt und in die Wangen gekniffen hatte, stand ich ganz nackt vor allen

Kindern. An Schmerzen kann ich mich nicht erinnern, so sehr schämte ich mich, nackt vor den anderen Kindern zu stehen. Alle lachten mich aus und manche spuckten mich sogar an.

„Du bist eine Schlampe, nur Schlampen machen ins Bett!", brüllte Schwester Annemarie.

„Wir hätten keine Muselmanin aufnehmen dürfen, aber auf mich hört ja keiner", schrie sie weiter und warf mir meine nassen Kleider ins Gesicht.

Erst da wurde mir klar, was ich getan hatte. Ich war fünf Jahre alt und meine Anne erzählte immer ganz stolz, dass ich bereits mit elf Monaten keine Windeln mehr gebraucht hätte. So etwas Schlimmes war mir noch nie passiert! Jetzt schämte ich mich noch mehr. Ich weiß nicht, wie lange ich ohne Kleider dastand. Alle starrten mich an. Die meisten lachten mich aus, und einige zwickten mich in meinen nackten Po und rannten dann weg. Ich versuchte, meine Nacktheit hinter meinen Händen zu verstecken. Ich weiß noch, dass ich auf einmal nichts mehr fühlte. Ich spürte nicht mal Sehnsucht nach Anne, nach Tekir, nach Helene und all den Menschen, die ich doch so lieb hatte. Ich sah plötzlich den Bazar in Istanbul vor mir, meine Anne und Mine, und wie wir lachend mit einem Simit in der Hand von einem Stand zum nächsten liefen. Meine Anne lachte und kaufte uns alles, was wir uns wünschten.

Irgendwann drückte Schwester Annemarie mir die Kleider in die Hand, die vor mir auf dem Boden gelegen hatten. Ich musste mich anziehen, und sie nahm mich am Handgelenk und zog mich nach draußen. Ich musste an der Straße auf meine Anne warten. Schwester Annemarie schloss die Tür hinter mir zu. Ganz alleine saß ich auf der Steintreppe und hatte nicht mal Angst vor der Holzfigur, die über der Tür hing. Ich schaute den Mann am Kreuz an und mir fiel auf, dass er auch Tränen im Gesicht hatte.

Er blutete auf der Stirn und sein Blick war sehr traurig. Vielleicht war das auch Schwester Annemarie gewesen. Vielleicht hatte sie den Propheten Isa an Händen und Füßen festgenagelt. Aber Propheten machten doch nicht in die Hose?

Später sah ich meine Anne auf mich zukommen. Mit großen Augen stand sie vor mir und wollte wissen, was passiert war. Sie umarmte mich und sah mich mit schmerzerfülltem Blick an.

Mir tat die Umarmung sehr weh. Alles schmerzte an meinem Körper und mit einem Auge konnte ich nur noch verschwommen sehen.

„Nilgün, sag mir bitte, was passiert ist. Welches Kind hat dich so geschlagen?"

Ich sah meine Anne nur an und brachte kein Wort heraus. Anne nahm mich an der Hand und schlug mit der Faust an die Tür, bis Schwester Annemarie öffnete. Ich zerrte an ihr, ich wollte weg, ich wollte nie mehr da rein, und ich hatte so schreckliche Angst.

Anne schrie laut auf Schwester Annemarie ein und sagte auf türkisch ganz schlimme Wörter. Schwester Annemarie sagte gar nichts. Sie schob uns raus und schloss sofort die Tür hinter uns zu.

Anne fing an zu weinen und wir setzten uns auf die Treppen vor dem Eingang. Ich wollte nur nach Hause, ich wollte weg von Gottes Frauen und all den bösen Kindern.

„Nilgün, sag jetzt bitte, was mit dir passiert ist. Wer hat dich geschlagen?"

Ich konnte kaum sprechen, weil wieder dieser Kloß in meinem Hals war, aber Anne war ganz außer sich und schüttelte mich.

„Ich habe in die Hose gemacht und Schwester Annemarie hat mich geschlagen und alle Jungen haben mich nackt gesehen. Ich habe gesündigt, Anne, muss ich jetzt in die Hölle?"

Anne fing erneut an zu weinen, und wir gingen endlich nach Hause. Baba wollte zur Polizei, aber Anne war der Ansicht, dass uns niemand glauben würde. Schließlich seien wir nur Gastarbeiter, und an einer Nonne würde man in Deutschland nie zweifeln.

Nach diesem Vorfall verweigerte ich das Essen. Ich sprach nicht mehr und lag nur noch im Bett. Irgendwann machte ich die Augen im Krankenhaus auf. Ich bekam mehrere Tage lang Infusionen und musste viele Tabletten schlucken. Anne versprach mir immer wieder, dass ich nie mehr in einen Kindergarten gehen müsse. Es sei auch auf keinen Fall Günah gewesen, schließlich hätte ich mich ja nicht freiwillig ausgezogen. Allah sei bestimmt nicht böse mit mir, da war sich Anne ganz sicher.

Mit Gott war ich fertig! Er war nicht mehr mein Freund. Wie konnte er nur eine Frau wie Schwester Annemarie heiraten? Helene hatte erzählt, dass Gott mit allen Nonnen verheiratet sei. Mein „Dede", der Baba von meinem Baba, hatte in Ostanatolien auch viele Frauen, aber keine davon hatte mich jemals geschlagen. Das hätte mein Dede auch nie zugelassen. Wie konnte Gott es nur dulden, dass mich seine Frau so schlug, und wie konnte er überhaupt eine so böse Frau heiraten?

Allah hatte eine Hölle, eine Schicksalsbrücke und viel Feuer, aber er war nicht verheiratet und hätte sich so eine Frau auch nie genommen!

Das Beschneidungsfest

Es herrschte große Aufregung bei uns. Onkel Mehmets Sohn sollte beschnitten werden. Onkel Mehmet war der ältere Bruder meiner Anne und sehr stolz auf seine zwei Söhne. Er und seine Familie lebten in der Schweiz. Seine Frau, Tante Zeynep, sagte immer: „Mehmet, du vergisst ständig, dass du auch eine Tochter hast!" Yasemin war drei Monate jünger als ich, und immer wenn wir in der Schweiz waren, durfte ich bei ihr im Bett schlafen.

Wir erzählten uns dann die verrücktesten Geschichten.

Aytunc und Tuncay hatte ich auch sehr lieb, aber Yasemin war wie meine Schwester. Onkel Mehmet arbeitete hart, aber Tante Zeynep musste zu Hause bleiben und auf die Kinder aufpassen. Onkel Mehmet sagte: „Ich brauche das Geld einer Frau nicht. Eine Frau gehört zu ihren Kindern und soll immer für ihren Mann da sein!"

Das hätte ich auch gern gehabt, den ganzen Tag mit meiner Anne zusammen sein zu dürfen! Aber das war bei uns nicht möglich. Baba verdiente nicht genug, und außerdem wollten Anne und Baba ja so schnell wie möglich wieder in die Türkei zurückkehren. Daher mussten beide viel arbeiten.

Eine Beschneidung ist ein ganz wichtiges Fest und eine Pflicht für jeden Muslim. Das stehe sogar im Koran, sagte Anne. Man feiert mit allen Freunden und Verwandten. Die Mütter sind immer ganz aufgeregt, die Väter unglaublich stolz auf ihre Söhne.

Mine und ich bekamen neue Kleider, Baba einen Anzug, und Anne nähte sich ein wunderschönes Kleid aus rotem Samt.

Onkel Mehmet und seine Familie wohnten in Schaffhausen in einem großen Hochhaus.

Aytunc, das jüngste der drei Kinder, war mit seinen vier Jahren auf dem Weg, ein richtiger Mann zu werden. Wenn ein Junge beschnitten wird, beweist er seine Tapferkeit und ist somit ein Mann.

Wir mussten zwei Tage vorher da sein, damit wir bei den Vorbereitungen helfen konnten. Als wir ankamen, hatte Onkel Mehmet das Lamm schon geschlachtet und war gerade dabei, es zu zerlegen.

Meine Tante putzte die Fenster und die Kinder waren dabei, ihre Schuhe auf Hochglanz zu bringen. Aytunc saß auf dem Sofa, sah fern und ließ sich von seiner Schwester Yasemin bedienen. Wasser, Chips, Schokolade, immer wieder fiel ihm etwas ein, was er haben wollte. Yasemin verdrehte nur die Augen und verschwand jedes Mal in der Küche. Aytunc benahm sich plötzlich ganz anders als sonst. Er spielte nicht mit uns und nützte jede Gelegenheit, seine Schwester zu schlagen, und obwohl Yasemin fast sechs Jahre alt war, wie ich auch, durfte sie ihren Bruder nicht zurückschlagen. Niemand schimpfte mit ihm, da er bald sein großes Fest hatte.

Yasemin wirkte sehr traurig und erzählte mir am Abend, wie gemein sie das alles fand. Mir schien das Ganze auch ziemlich übertrieben, aber das war halt so. Eigentlich wussten wir beide nicht so richtig, worum es bei der Beschneidung ging. Ich hatte in der Türkei mal gesehen, wie das gemacht wurde, und fand es ehrlich gesagt nicht sehr aufregend. Das bisschen, was da weggeschnitten wurde, war es wirklich nicht wert, so einen Aufstand zu machen. Zumal die Jungs sich nicht gerade tapfer benahmen. Und trotzdem wurden sie immer reich beschenkt mit Geld, Gold und jeder Menge Spielsachen.

Am Abend vor dem großen Fest saßen wir alle bei Tisch. Es gab ein großes Festmahl.

Mein Onkel stand auf, erhob sein Glas Raki und sagte ganz stolz: „Mein Jüngster wird jetzt auch ein Mann. Ich bin sehr stolz auf ihn und natürlich auch auf meinen anderen Sohn. Allah sei Dank, Allah schütze und segne uns alle!"

Alle schauten Aytunc an und sagten: „Amin". Nur Yasemin nicht. Ich legte meinen Arm um ihre Schultern und gab ihr einen dicken Kuss. Eine Frage beschäftigte mich schon lange. Es wird ein Fest gefeiert, wenn Jungs beschnitten werden. Warum gibt es kein Fest für Mädchen? Wann werden aus Mädchen Frauen?

„Onkel Mehmet", rief ich von meinem Platz aus. „Wann werden aus Mädchen Frauen, und warum wird für uns kein Fest gemacht?"

Alle lachten und schauten sich an. Meine Frage blieb unbeantwortet. Als ich nochmals Anlauf nahm und weiter nachhaken wollte, flüsterte meine Tante mir ins Ohr: „Wenn du deine Tage bekommst, wirst du eine Frau sein, aber das dauert noch eine Weile." Dabei lächelte sie mich etwas beschämt an.

Das war gelogen! Ich stand auf, zeigte auf meine Schwester und sagte: „Das ist eine Lüge! Das stimmt doch überhaupt nicht. Mine ist eine Frau geworden und hat schon mal geblutet und ihr habt kein Fest gefeiert! Immer werden die Jungs gefeiert und die bekommen auch noch Geschenke ..."

Mein Vater, der mir gegenübersaß, beendete meinen lauten Protest mit einer saftigen und sehr schmerzhaften Ohrfeige. Alle wurden ganz still. Auch ich konnte nichts mehr sagen und spürte nur noch ein Brennen im Gesicht und einen unangenehmen Pfeifton im Ohr. Aber die Scham war noch größer als der Schmerz. Weinend rannte ich in Yasemins Zimmer und verkroch mich unter der Bettdecke.

Ich wusste nicht mal, warum ich die Ohrfeige bekommen hatte. Was hatte ich gesagt? Es war doch die Wahrheit. Mine wurde nicht gefeiert und bekam auch keine Geschenke. Im Gegenteil, wir durften es nicht mal meinem Baba sagen.

Ich wollte einfach nur sterben, einfach nur weg sein. Wie konnte mein Baba mich vor den anderen nur so bloßstellen! Das würde ich ihm nie verzeihen! Wir bekamen oft den Hintern versohlt und nicht selten eine Ohrfeige, aber vor anderen geschlagen zu werden, war das Schlimmste. Das hatte mich zutiefst verletzt. Ich fühlte mich schrecklich. Yasemin kam leise ins Zimmer und nahm mich in den Arm. Sie weinte auch, und trotzdem versuchte sie mich zu trösten.

„Sei nicht traurig Nilgün, die sind doch alle dumm. Die mit ihren blöden Söhnen. Sei froh, dass du keinen Bruder hast", sagte sie schluchzend und drückte mich noch mehr an sich.

Das Beschneidungsfest wurde in einer großen Turnhalle mit über fünfhundert Gästen gefeiert. Es gab viel zu essen und zu trinken. Alle tanzten und Aytunc bekam Berge von Geschenken, Gold und Geld. Yasemin und ich durften nicht mal neben Aytunc sitzen, weil er seine Freunde neben sich haben wollte. Er wurde von allen Menschen geküsst und bewundert. Es stimmte, immer wurden nur Männer gefeiert, und das alles wegen so einem kleinen Zipfel!

Keiner will mich haben!

Nachdem mir die böse Schwester Annemarie im Kindergarten den Hintern versohlt hatte, musste ich da nie wieder hin. Die meisten Freundinnen von Anne, bei denen ich schon mal war, wollten allerdings auch nicht mehr auf mich aufpassen, und einige hatten keine Zeit. Nach den Sommerferien durfte ich in die Schule gehen. Aber bis dahin waren noch ein paar Monate zu überbrücken.

Einmal musste ich bei Ünser Teyze bleiben, aber die konnte ich überhaupt nicht leiden. Als meine Anne ging, sperrte ich mich im Klo ein. Ünser Teyze bat mich immer wieder herauszukommen, aber nach einer Weile gab ich ihr einfach keine Antwort mehr.

Sie musste den Hausmeister holen und das Türschloss kaputt machen lassen. Ünser Teyze dachte, dass mir was passiert sei, und hatte große Angst um mich gehabt. Sie musste sogar wegen mir weinen. Aber ich konnte sie trotzdem nicht leiden, und sie wollte mich dann auch nicht mehr haben.

„Adalet, ich würde wirklich alles für dich tun, aber Nilgün ist ein schwieriges Kind. Bitte sei mir nicht böse, ich kann sie nicht mehr nehmen", sagte Ünser Teyze. Annem nickte nur mit dem Kopf, und wir machten uns auf den Heimweg.

„Anne, bist du wegen mir traurig?"

„Du machst es mir wirklich nicht einfach, Nilgün. Keiner will dich haben! Was soll ich denn mit dir machen?", sagte sie und hob die Hände betend zu Allah.

Alles war meine Schuld. Anne hatte recht, was sollte sie nur mit mir machen?

Plötzlich kam uns Yildiz Teyze entgegen. Anne erzählte ihr, wo wir schon überall gewesen waren, und dass die meisten für mich keine Zeit hätten und niemand mich haben wollte.

„Vah, vah, du armes Kind“ sagte Yildiz Teyze und klopfte sich die ganze Zeit auf ihre dicken Schenkel. Yildiz Teyze war sogar kleiner als meine Anne und fast so breit wie mein Baba. Yildiz Teyze hatte gelbe Haare, eine kleine spitze Nase und rot lackierte Nägel. Sie und ihr Mann hatten uns einmal besucht, danach hatte Baba eine Kopfschmerztablette gebraucht.

„Allah hat Yildiz zwei zusätzliche Zungen, statt zwei Ohren gegeben“, sagte Baba.

Yildiz Teyze konnte sogar beim Einatmen sprechen, und deshalb machte sie überhaupt keine Pausen.

Yildiz hatte zwei Söhne, aber die waren beide schon groß, und der ältere ging in der Türkei auf die Universität. Sie und ihr Mann waren schon sehr lange in Deutschland. Yildiz Teyze war seit einiger Zeit arbeitslos und konnte ganz oft in die Türkei fliegen.

„Adalet, ich kann die Kleine zwei Monate nehmen, danach gehe ich wieder für vier Wochen in die Türkei“ sagte sie.

Anne freute sich sehr und versicherte ihr, dass sie mit mir keinen Ärger haben würde. Yildiz Teyze zwinkerte mir zu und sie versprach mir, meine Nägel auch rot zu lackieren. Vor Yildiz Teyze hatte ich keine Angst, und ich freute mich auf rote Nägel.

Annem hatte noch zwei Tage Urlaub und es war wunderschön, sie für mich allein zu haben. Mine ging in die Schule und Baba zur Arbeit. Wir frühstückten gemeinsam, und Annem kochte ein leckeres Mittagessen.

Leider musste Anne wieder arbeiten gehen, und ich wurde wie verabredet zu Yildiz Teyze gebracht. Diesmal war ich nicht ganz so traurig, da mir alles lieber war, als in den Kindergarten zu gehen.

Yildiz Teyze öffnete die Tür und gab mir gleich einen nassen Kuss auf die Backe. Sie sah aus wie ein Pilz. Ihre gelben Haare hatte sie glatt nach unten gekämmt und ihre Zunge bewegte sie wieder ohne Pause.

Annem verabschiedete sich und ich ging mit Yildiz Teyze in die Küche.

Der Tisch war noch gedeckt und Yildiz Teyze hatte Knoblauchwurst in der Pfanne.

„Du musst viel essen, dann wirst du groß und stark", sagte sie.

Yildiz hatte wahrscheinlich auch viel gegessen, gewachsen war sie allerdings nicht sehr viel. Aber dafür war sie sehr breit und hatte immer großen Hunger.

Nach dem Frühstück durfte ich ihr beim Erbsenenthülsen helfen, und wir schälten gemeinsam ganz viele Kartoffeln.

Yildiz Teyze erzählte mir von ihren klugen Söhnen und, sie erklärte mir, was man auf einer Universität macht.

„So, du musst ja am Verhungern sein, gleich gibt es Essen."

„Hayır, Yildiz Teyze, mein Bauch ist doch noch voll!"

„Das kommt dir nur so vor, mit dem Essen kommt der Hunger", sagte sie. „Nicht dass deine Anne meint, du würdest bei mir nicht satt." Sie stellte mir einen Teller Erbsensuppe hin, der bis zum Rand gefüllt war.

„Wenn du alles aufisst, dann lackiere ich deine Nägel rot", sagte sie und fing selber auch an zu essen.

Ich aß und aß, aber das Essen wurde nicht weniger, und in meinem Bauch war überhaupt kein Platz mehr. Ich gab mir große Mühe, nahm einen Löffel von der Suppe und spülte sie gleich mit einem Schluck Wasser hinunter. Yildiz Teyze aß zwei Teller voll, und sie konnte sogar mit vollem Mund sprechen.

Ich hatte meine Suppe fast aufgegessen, aber mein Bauch tat schrecklich weh.

Yildiz Teyze ging ins Bad und brachte ihren roten Nagellack. Meine Anne hatte sich noch nie ihre Nägel rot lackiert, weil das Günah war. Man war unrein, weil unter den Lack kein Wasser hinkommen konnte. Aber ich durfte mir die Nägel lackieren lassen, meine Anne hatte es mir erlaubt.

Mit meinen roten Nägeln sah ich aus wie eine Prinzessin!

Yildiz Teyze verschwand gleich darauf wieder in der Küche. Sie streckte mir eine Schale entgegen und sagte: „Hier, das musst du essen, Milchreis ist gesund für Kinder!"

Ich konnte nichts mehr essen. Mein Bauch war so voll, dass einfach nichts mehr rein ging. Aber Yildiz Teyze hatte einen viel größeren Bauch, und da gingen so viele Sachen rein.

Nach dem Sütlaç fing sie an, Teig zu kneten. Sie drückte mir ein Wellholz in die Hand, und ich durfte ihr beim Ausrollen helfen.

Yildiz Teyze war sehr nett zu mir, und sie erzählte mir die ganze Zeit viele Geschichten.

Aber danach gab es wieder zu essen. Sie setzte mir zwei große gefüllte Teigtaschen vor.

„Yildiz Teyze, mein Bauch tut weh. Ich kann nicht mehr", jammerte ich.

„Kein Wunder", sagte sie. „Du isst ja kaum was!"

Ich hatte noch nie so viel Essen in meinem Bauch gehabt, und ich hatte noch nie einen Menschen gesehen, der so viel essen konnte wie Yildiz Teyze.

Ich lag auf dem Sofa und Yildiz Teyze massierte mir den Bauch. Endlich kam meine Anne, um mich abzuholen.

Yildiz Teyze erzählte meiner Anne, dass ich kaum etwas gegessen und kaum gesprochen hätte.

Als wir zu Hause waren, ging es mir noch schlechter und ich musste spucken.

„Allahım, was hast du denn alles gegessen, mein Kind?"

Ich erzählte Annem, was ich alles gegessen hatte, und dass Yildiz Teyze die ganze Zeit für mich gekocht hatte. Natürlich hatte ich kaum was gesprochen, aber nur weil Yildiz Teyze so viel zu erzählen hatte. Annem machte mir einen Tee und legte mir eine Wärmflasche auf den Bauch.

Anne ging am nächsten Tag bei Yildiz Teyze vorbei und erzählte ihr, dass ich Masern bekommen hätte und vorerst daheim bleiben müsste. Yildiz Teyze war sehr traurig darüber und gab meiner Anne den Rat, mir eine Hühnersuppe zu kochen.

Zu Yildiz Teyze brachte mich Annem nie wieder. Und mein Baba schimpfte auch nicht wegen meiner roten Fingernägel. Ich durfte weiterhin mit Tekir zu Hause bleiben, weil Anne nicht wusste, wohin sie mich bringen sollte.

Ab nach Anatolien

Immer wenn Anne mich so seltsam ansah, wusste ich, dass etwas Schlimmes auf mich zukam.

Ich gab mir wirklich große Mühe, lieb zu sein. Einmal hatte ich die Fenster geputzt, die Betten gemacht und Kichererbsen aus der Dose gekocht. Meine Anne hatte sich gar nicht darüber gefreut. Sie war sogar richtig böse geworden. Zuerst hatte ich gedacht, dass ihr die Kichererbsen nicht geschmeckt hätten, dabei hatte meine Anne nur Angst gehabt, dass ich mich hätte verbrennen können. Ich hatte doch so oft zugesehen, wie sie das machte, und außerdem war ich sechs Jahre alt! Da ist man doch alt genug zum Kochen!

Bis Mine von der Schule kam, durfte ich nicht mal mit meiner Freundin Helene rausgehen, sonst hätten doch die Deutschen gemerkt, dass ich alleine zu Hause war.

Ich saß mit Tekir am Fenster und sah, wie meine Schwester mit Giuseppe um die Ecke kam. Ich klopfte ganz fest ans Fenster, und Mine winkte mir zu. Sonst verdrehte sie immer die Augen, wenn sie mich sah, besonders wenn ein Junge neben ihr war. Aber anscheinend hatte sie mich auch vermisst. Sie kam zur Haustür rein und fragte gleich: „Nilgün, hat es Anne dir schon erzählt? Sag, weißt du es schon?"

„Nein, was soll Anne mir erzählt haben?"

„Ich muss hier nie wieder in die Schule gehen. Na ja, ich werde Anne sicher vermissen, aber ich freue mich auf die Türkei!"

Mine nahm Tekir auf den Arm und tanzte mit ihm herum. Jetzt war Mine verrückt geworden. Die würde wirklich später keinen Mann bekommen, wie es meine Anne schon immer vorhersagte.

„Schau mich nicht so blöd an, Nilgün, du gehst auch mit!"

Mine tanzte und hüpfte in der ganzen Wohnung herum. Ich stand da und sagte gar nichts. Mine erzählte mir oft Dinge, die gelogen waren. Einmal hatte sie mir sogar erzählt, dass ich gar nicht das Kind von Anne und Baba sei. Zigeuner hätten mich einfach vor der Tür unserer Eltern abgelegt.

„Schau dich doch an, Nilgün, du hast schwarze Haare, dunkle Augen und dunkle Haut. Wie die Zigeuner! Du bist die Einzige in unserer Familie, die so aussieht."

Es war wirklich so. Meine Anne hatte ein wunderschönes Gesicht, eine helle Haut und Milchkaffee-Haare. Mein Baba sah auch nicht aus wie ich, obwohl ich so hässlich nicht war. Aber als ich dann zu weinen anfing, entschuldigte sie sich und versprach bei Allah, dass sie so etwas nie wieder sagen würde.

„Nilgün, diesmal lüge ich dich nicht an. Ich schwöre!"

„Hör auf zu schwören, du weißt, wenn man etwas Falsches schwört, kommt man ganz sicher in die Hölle!"

„Hörst du nicht? Ich lüge wirklich nicht. Wir fliegen bald mit Ali Amca in die Türkei und bleiben dort, bis Anne und Baba für immer zurückkehren."

Mein Herz klopfte immer schneller, und ich war plötzlich ganz aufgeregt. War das jetzt etwas Schönes oder etwas Schlechtes? Mine hüpfte weiter herum und freute sich. Ich tanzte mit, weil es bestimmt etwas Schönes war, sonst hätte sich meine Schwester nicht so gefreut.

„Wann kommt Anne uns abholen? Und bei wem müssen wir bleiben?"

„Ich glaube bei Babaanne in Alaca."

„Bei Babaanne in Alaca? Aber das ist doch so weit weg von Deutschland."

An Babaanne konnte ich mich ganz schwach erinnern. Sie hatte ein faltiges Gesicht, und an ihrem Şalvar trug sie einen Beutel mit braunem Kandiszucker. Mein Baba hatte mal erzählt, dass seine Anne sehr streng mit ihm gewesen war, obwohl sie nur ihn als einzigen Sohn hatte. Deshalb hatte er seinen Baba mehr lieb. Aber Dede war schon tot. Über Babaanne wusste ich nicht sehr viel, außer dass sie alleine in einem großen Haus lebte.

An dem Tag, an dem Mine mir diese Neuigkeit erzählte, machte sie nicht mal ihre Hausaufgaben, weil sie sowieso bald in der Türkei in die Schule gehen würde.

Annem kam immer vor Baba nach Hause und ich fragte sie gleich, wann wir nach Alaca gehen würden, aber sie wollte noch nicht darüber reden.

„Anne, aber wir gehen doch, oder? Das hast du doch gesagt?", fragte Mine vorsichtig nach.

„Mine, deine Zunge hat auch keinen Knochen, ich habe dir doch gesagt, dass wir noch darüber sprechen müssen!"

Annem ging in die Küche und versuchte, ihre Tränen vor uns zu verbergen. Baba kam erst nach Hause, als meine Schwester und ich schon im Bett waren.

Ich wachte durch das Geschrei von Anne und Baba auf. Sie stritten sich wieder einmal so laut, dass ich mir die Ohren zuhalten musste. Mine stand weinend zwischen Anne und Baba.

„Ne olur, hört auf, so zu schreien. Bitte!"

Anne und Baba stritten sich immer öfter, weil Baba auch unter der Woche betrunken nach Hause kam und ganz oft Karten spielte. Einmal hatte er sogar die Miete nicht bezahlen können, weil er Spielschulden gemacht hatte.

Ich konnte meiner Anne nicht helfen, weil ich zu klein war, und ich hatte Angst vor Baba. Wenn er betrunken war, sah er ganz fürchterlich aus und benahm sich wie ein Verrückter.

Mine schimpfte oft über Baba, wenn der das nicht hören konnte, aber Annem wollte das nicht.

„Nicht mal Allah stellt sich zwischen Mann und Frau. Er ist trotz allem euer Vater. Es gibt schlimmere Männer", sagte Annem. Da hatte sie allerdings recht.

Der Mann von Tante Ayse war wirklich schlimmer. Meine Freundin Fidan hatte mal erzählt, ihr Baba würde ihre Anne fast jeden Tag schlagen. Er musste sogar mal ins Gefängnis, weil die Nachbarn ihn angezeigt hatten. Trotzdem hasste ich meinen Baba, wenn er meine Anne anschrie oder sie schlug. Einmal hatte Baba gesagt, dass Schläge aus dem Paradies kommen würden: „Wer seine Frauen nicht schlägt, der wird eines Tages großes Leid erfahren, so steht es im Koran!"

Baba warf die Tür hinter sich zu und verschwand. Annem umarmte meine Schwester und weinte. „Ich könnte nie ohne euch leben, und diesen Mann ertrage ich nur, damit ihr nicht ohne Vater aufwachsen müsst", sagte sie.

Anne hatte Angst, dass sie so wie Birsen Teyze werden würde. Mir hätte es nichts ausgemacht, ohne Baba aufzuwachsen. Ich war nur sehr traurig, dass Anne wegen uns leiden musste. Wenn ich nicht wäre, müsste meine Anne vielleicht nicht so oft weinen und wäre sicher glücklicher.

„Ich verspreche euch, so bald wie möglich zu euch zu kommen, und dann bleiben wir für immer zusammen", versprach Annem.

Es war also wahr. Wir mussten nach Alaca zu Babaanne gehen.

Ich tat so, als ob ich das alles nicht mitbekommen hätte.

In der Nacht schlief Anne zwischen Mine und mir und immer wieder drückte meine Anne uns ganz fest an sich. Ich spürte ihre kalten Hände auf meinem Bauch. Annem weinte noch ganz lange. Sie weinte bestimmt wegen mir. Ich war an allem schuld. Wie konnte ich nur sterben? Einfach tot sein, oder weg. Dann müsste Annem wegen uns nicht bei Baba bleiben.

Am nächsten Morgen hatte Baba bereits das Frühstück vorbereitet und hatte sogar frische Brötchen geholt. Anne sprach nur das Nötigste, und Baba tat so, als ob nichts gewesen wäre. Nach dem Frühstück badeten wir, wie jedes Wochenende, und Anne machte meiner Abla zwei Zöpfe.

„Pamuk Kızım, lass ja nicht zu, dass man deine schönen langen Haare abschneidet, und bevor sie an deinen Hüften sind, komme ich euch abholen, das verspreche ich euch", sagte Anne.

„Und wo müssen meine Haare sein, Anne, damit du uns holen kommst?"

Meine Anne lachte und wischte sich die Tränen vom Gesicht.

„Kara Kızım, bei deinen wunderschönen Locken würden wir eine unendlich lange Zeit warten müssen, bis sie an deinen zarten Hüften sind." Anne strich mir liebevoll über meine Locken.

Annem wollte ganz viel arbeiten und uns ein Haus in Istanbul kaufen, und danach wollte sie uns nie wieder weggeben. Sie würde dann auch nie wieder arbeiten gehen müssen.

Der Gedanke, dass wir bald ein Haus besitzen würden und meine Anne nicht mehr arbeiten musste, gefiel mir gut. Ich war mir auch sicher, dass meine Anne uns nicht lange bei Babaanne lassen würde. Außerdem waren die Haare von meiner Abla schon über den Schultern, und bis zu den Hüften war es nicht weit.

Ein paar Tage später standen wir mit Baba, Anne und Ali Amca am Flughafen. Ali Amca war schon oft geflogen, weil er doch so gute Geschäfte mit alten Kleidern in seinem Dorf machte. Ablam und ich hatten noch nie in einem Flugzeug gesessen.

Leider hatte ich mich nicht mal von meiner Freundin Helene verabschieden können, weil sie gerade bei ihrer Oma zu Besuch war. Wir konnten nur Paola und Giuseppe Lebewohl sagen. Die waren so traurig, dass sie weinen mussten. Aber sie hatten versprochen, uns zu schreiben.

Meine Anne hatte uns noch Kleider genäht und neue Schuhe gekauft. Mine bekam sogar ein neues Schulmäppchen und eine neue Schultasche, damit Babaanne sich um diese Dinge nicht zu kümmern brauchte.

Baba hatte sich in den letzten Tagen sehr verändert. Plötzlich war er fast so lieb zu uns wie meine Anne. Auch zu ihr war er freundlich und schrie sie gar nicht mehr an. Er hatte ihr versprochen, nie wieder um Geld zu spielen und nicht mehr so viel Raki zu trinken. Anne sagte nur: „Inşallah."

Baba gab Ali Amca einen Briefumschlag für die Babaanne: „Bruder Ali, bring meine Kinder gesund zu meiner Mutter. Allah segne euren Weg", sagte Baba.

Er küsste mich und anschließend meine Schwester auf die Stirn, dann sah er Annem an und sagte: „Mach es kurz und reiß dich zusammen!" Nach diesen Worten ging er einfach weg.

Plötzlich bekam ich große Angst, denn mir wurde klar, dass meine Anne auch gleich gehen und ich sie ganz lange nicht sehen würde.

Ich klammerte mich an ihr fest und war mir sicher, dass niemand so stark sein könnte, mich von ihr wegzureißen. Ich wickelte eine Haarsträhne meiner Anne um meine Hand, mit der anderen Hand hielt ich mich an ihrer rosa Bluse fest. Mein Herz klopfte ganz laut, und ich konnte nicht mal schlucken. Ich hätte so gern geschrieen, aber da war ein furchtbar dicker Kloß in meinem Hals.

Ich würde sie nicht loslassen, ich wollte nur bei meiner Anne sein. Ich würde mit ihr weglaufen. „Kızım, hör auf, schämst du dich nicht?", hörte ich Ali Amca immer wieder sagen, der versuchte, mich von meiner Anne wegzuziehen.

„Anne, bring mich um, aber schick mich nicht weg, bitte Anne. Vallaha, billaha, ich werde nie wieder etwas anstellen, und wenn du willst, bleibe ich sogar bei Ünser Teyze, ohne mich einzusperren, und esse bei Yildiz. Bitte Anne, schick mich nicht weg! Ne olur Annem!"

Anne versuchte, sich von mir zu lösen, und sagte mir immer und immer wieder, dass sie uns ganz schnell holen würde. Ich klammerte mich noch fester an meine Anne, aber dann hatte es Ali Amca, dieser Teufel, geschafft, mich von meiner Anne wegzureißen. Anne weinte auch. Sie gab Mine einen Kuss und rannte einfach weg. Sie ließ uns zurück und sah sich nicht mal um. Sie hatte mich gar nicht geküsst. Annem hatte mich einfach weggedrückt.

„Komm Kızım, wir verpassen sonst das Flugzeug", sagte Ali Amca und wir stiegen in einen Bus ein und fuhren zum Flugzeug. Ich weinte immer noch, und als ich die Haare von Annem in meiner Hand sah, wurde ich noch trauriger. Ich hatte Annem bestimmt sehr weh getan. Kein Wunder, dass sie mich nicht mal geküsst hatte.

Im Flugzeug arbeiteten viele hübsche Frauen, und wir bekamen etwas zu essen, zu trinken und ein Kopfkissen. Fliegen gefiel mir sehr gut, vor allem als wir nach oben flogen, grummelte und rumpelte es in meinem Bauch. Das war ein schönes Gefühl.

„Abla, wie ist es in Alaca? Ist die Babaanne lieb?"

„Türkiye ist immer schön und Babaanne ist auch sehr lieb. Du wirst sehen, es wird dir gefallen!", sagte meine Schwester und gab mir einen Kuss auf die Wange.

Der Himmel war so schön! Die Wolken waren kuschelig weiß und sahen aus wie Zuckerwatte.

Ich hüpfte von einer Wolke auf die andere.

„Abla, wohnt da Allah?"

„Ja! Jetzt sind wir Allah sicher ganz nah."

„Und Gott? Wohnt Gott auch hier im Himmel?"

Mine zeigte mir einen Vogel und schüttelte den Kopf: „Es gibt nur Allah!"

Mine hatte keine Ahnung. Die hatte ja auch keine deutsche Freundin, woher sollte sie denn wissen, wo Gott wohnt.

Ich sah zwar genau hin, konnte aber weder Gott noch Allah sehen. Vielleicht waren beide gerade beschäftigt oder so.

Alaca heißt bunt

„Kizim, Hadi, Uyan, los, wacht auf, wir sind in Ankara."

Ali Amca nahm uns an der Hand, und nachdem wir die Koffer abgeholt hatten, fuhren wir mit einem Taxi zum Busbahnhof.

In Ankara war es laut, und alle Menschen hatten es ganz eilig. Die Autos hupten und Ali Amca fluchte die ganze Zeit.

„Dieses Land wird nie zu etwas kommen. Die Menschen sind so unzivilisiert. Sie sollten sich ein Beispiel an den Ungläubigen nehmen!", schimpfte er.

Wir fuhren die ganze Nacht, und ein Mann verteilte immer wieder Erfrischungstücher, damit sich die Fahrgäste frisch machen konnten.

„A-la-ca. Geldik! Ali Amca wir sind da!", schrie Mine, nachdem sie das Schild am Ortseingang gelesen hatte.

„Alaca? Warum heißt das hier ‚bunt'?", wollte ich wissen.

Ali Amca schüttelte nur den Kopf und zuckte mit den Schultern.

Als wir aus dem Bus ausstiegen, war es draußen fast hell, und unsere Babaanne stand bereits an der Haltestelle und wartete auf uns.

Babaanne bewegte sich gar nicht. Sie stand da wie ein Soldat.

„Herzlich willkommen", sagte sie und streckte uns ihre Hand zum Küssen hin. Danach beugte sie sich herunter und gab uns jedem einen Kuss auf die Stirn. Ali Amca drückte ihr den Brief von Baba in die Hand und stellte unsere Koffer neben Babaanne auf den Boden.

Er fuhr mit dem gleichen Bus weiter. Ali Amca verabschiedete sich nicht mal von uns. Er sah uns nur an, machte ein trauriges Gesicht und ging einfach weg.

Zwei Männer trugen unsere Koffer in das Haus von Babaanne. Ich war sehr müde und konnte kaum laufen. Als Babaanne das sah, nahm sie mich auf ihren Rücken.

Ich schlief ganz lange und als ich meine Augen wieder öffnete, saßen Ablam und Babaanne auf den Kissen im Wohnzimmer und unterhielten sich. Ich lag auf einer Matratze unter einem großen Fenster.

„Oh du Tochter des Sultans, bist du auch schon wach? Geh und wasch dein Gesicht", sagte Babaanne.

Ablam ging mit mir raus in den Innenhof, denn wir mussten einen Eimer Wasser aus dem Brunnen holen.

„Aaah, uuh, aaah! Hörst du, Nilgün, wie das hallt? Der Brunnen ist so tief und so dunkel. Wer weiß, wie viel Leichen da unten liegen", sagte Mine.

„Blöde Kuh, warum sollen im Brunnen von Babaanne Leichen liegen?"

Mine war manchmal richtig dumm. Aber es war wirklich so dunkel und so tief, dass man gar nicht sah, wie weit dieser Schacht nach unten ging.

„Ich will mein Gesicht hier nicht waschen. Gibt es denn kein Waschbecken in der Küche?"

„Das ist doch Günah! Man wäscht sein Gesicht nicht in der Küche. Babaanne will das nicht!"

Mine schnürte ein dickes Seil um ihren Bauch, ließ dann den Eimer in den Brunnen herunter und zog das Wasser hoch.

„Du bist noch zu klein, das darfst du auf keinen Fall alleine machen", sagte sie und brüllte immer wieder in den Brunnenschacht.

Das hätte ich sowieso nicht gemacht. Ich hatte zwar keine Angst, aber schön fand ich den Brunnen auch nicht.

Weit weg von diesem Brunnen wusch ich mein Gesicht und Ablam zeigte mir noch die Toilette, die genauso tief war, wie der Brunnen. Nur war das Loch nicht so groß, da hätte nie eine Leiche hineingepasst. Das Klo gefiel mir noch weniger als der Brunnen. Da konnte man sich nicht mal hinsetzen, und Klopapier gab es auch nicht.

„Du bist hier nicht in Alamanya!", sagte Ablam und ging wieder zu Babaanne.

Wir saßen mit Babaanne auf dem Boden, und es gab Maisbrot, Oliven, Käse, Wassermelonen und Tee.

„Allahım, du siehst ja schrecklich aus. Komm lass dich mal kämmen", sagte Babaanne und zog aus ihrem Şalvar einen weißen Kamm hervor.

„Au, Babaanne, acıdı, das tut weh!", schrie ich vor Schmerz auf.

„Wie willst du mal Kinder kriegen? Stell dich nicht so an. Diese Locken lassen sich nicht kämmen", sagte Babaanne und klebte meine Locken mit ihrer Spucke glatt auf meinen Kopf. Sie zog mit der Spitze des Kammes einen Strich auf einer Seite. „Oh güzel Kızım, so siehst du viel schöner aus!"

Ich schaute mich im Fenster an und war mit dem Ergebnis zufrieden. Jetzt hatte ich auch so schöne Haare wie Ablam, nur waren meine nicht so lang.

Mine bekam zwei Zöpfe, aber das gefiel meiner Babaanne auch nicht.

„Die müssen viel kürzer sein, die Kraft habe ich nicht, jeden Tag deine Haare zu kämmen", sagte sie.

„Anne hat gesagt, die müssen lang bleiben und wenn sie so lange sind, dass sie meine Hüften berühren, dann kommt sie uns holen", sagte Mine.

Babaanne seufzte laut, schüttelte wieder ihren Kopf und klopfte sich auf die Schenkel.

„Inşallah, Inşallah."

„So, jetzt erzählt mal von Alamanya, wie geht es meinem Sohn, ist er auch gesund? Muss er in der Fremde viel arbeiten? Wahrscheinlich arbeitet er Tag und Nacht, um eure Mäuler zu stopfen, denn ihr werdet ihm und eurer Anne bestimmt die Haare vom Kopf fressen."

„Wir fressen ihnen überhaupt nicht die Haare vom Kopf!", schrie Mine. Aber dann entschuldigte sie sich gleich. Babaanne gab keine Antwort. Sie sah aus dem Fenster, nickte immer mit dem Kopf und flüsterte ein Gebet.

Babaanne hatte auch wenig Farben auf dem Kopf. Ihre Haut war dunkel wie ihre Augen, die man kaum sah. Ihre Augenbrauen waren so buschig und schwer, dass sie ihre Augen kaum öffnen konnte.

In ihrem Gesicht waren ganz viele tiefe Falten. Sie hatte einen massigen Körper, aber ihr Gesicht war eingefallen. Immer wenn Babaanne ihr Kopftuch zurechtrückte, sah man ihre weißen Haare. Babaanne hatte schmale, lange Finger, und auf ihren Händen waren dicke, blaue Adern. Das sah richtig gruselig aus.

„Ich glaube, Babaanne ist böse", flüsterte ich.

„Ist doch mir egal", sagte Mine auf deutsch und verschränkte die Arme.

„Schscht, sprich nicht die Sprache der Ungläubigen!", zischte Babaanne.

Babaanne hatte ein altes, großes Haus mit ganz vielen Zimmern, die einfach nur leer standen. Wir saßen ganz lange auf dem Boden, und Babanne erzählte uns, was wir alles tun müssten.

Ich wurde ganz traurig und musste an meine Anne denken. Ich fing wieder an zu weinen. „Oy, ağlama yavrum, ağlama, üc gün kaldi bayrama."

„In drei Tagen ist doch nicht Bayram", sagte Mine.

Babaanne holte singend eine Handvoll braunen Kandiszucker aus dem Stoffsäckchen an ihrem Şalvar und drückte es mir in die Hand.

„Tatli yigelim tatli konusalim, lasst uns Süßes essen und Süßes sprechen", sagte sie.

„Babaanne, Bayram war doch erst."

Aber Babaanne schien meinen Einwand gar nicht zu hören, sie sang das immer wieder, um uns zu trösten. „Weine nicht, mein Kind, es sind nur noch drei Tage bis Bayram!"

Gleich am nächsten Tag ging Babaanne mit uns auf den Markt, und wir bekamen neue Kleider. Die meisten Kleider, die wir aus Deutschland mitgebracht hatten, sollten wir erst wieder anziehen, wenn Anne uns abholen würde. Babaanne hatte unseren Koffer auf den großen Schrank im Flur gestellt. Außerdem gefielen ihr unsere Sachen überhaupt nicht, die meisten Röcke fand sie zu kurz.

„Günah, Kızım, so könnt ihr hier nicht rumlaufen! Ihr werdet sonst in die Berge entführt", sagte Babaannem.

Alaca war ein großes Dorf, und Babaanne erzählte uns, woher Alaca seinen Namen hatte: Atatürk war vor vielen Jahren in unserem Dorf gewesen und als er die bunten Häuser sah, sagte er verwundert: „Hier ist es aber kunterbunt." Und damit hatte Atatürk recht, in Alaca war alles sehr bunt.

Einige behaupteten, dass man Alaca so genannt hätte, weil es viele Nomaden, Schiiten und Aleviten gab und die Bevölkerung so bunt gemischt war.

Es gab viele Geschichten über Alaca, aber Babaanne wusste alles am besten, weil sie ja schon so lange dort lebte.

„Manchmal glaube ich, dass Allah unser Alaca vergessen hat. Es gibt mehr Caféhäuser als Moscheen", sagte Babaanne.

Die meisten Männer saßen im Café und spielten den ganzen Tag Karten. Aber nicht nur an den Wochenenden wie mein Baba, sondern jeden Tag, von morgens bis abends. Einige spielten auch Tavla, und die Männer fluchten viel beim Spielen. Frauen machten einen großen Bogen um das Dorfcafé, und Babanne sagte immer: „Die Männer sollten auch nachts im Café sein, damit sie ihre Weiber in Ruhe lassen. Entweder werden sie geschlagen oder sie werden von diesen Hurensöhnen geschwängert!"

Die Frauen von Alaca arbeiteten eigentlich auch nicht wirklich. Sie waren auf den Feldern und pflückten Obst und ernteten Gemüse. Sie hatten ihre Kinder immer dabei. Keine ging putzen oder arbeitete in der Fabrik. In Alaca hatten alle Menschen wenig Farben auf dem Kopf, und die meisten waren sogar dunkler als ich. Und es gab keinen einzigen Deutschen. Nur Türken!

Aber es gab ganz viele Hunde und Katzen auf den Straßen, die wir alle nicht anfassen durften, wegen der Tollwut. Und manchmal sah man kein einziges Tier auf der Straße, weil ein Lastwagen vom Bürgermeister alle Tiere eingesammelt hatte. Die kamen nie wieder zurück.

Babaanne sagte immer, dass der Bürgermeister keine

Angst vor Allah habe, und dass nur derjenige, der wie Allah imstande sei, ein Lebewesen zu erschaffen, auch Leben beenden dürfe. Wenn der Bürgermeister in Alaca eine Rede hielt, ging Babaanne nie hin, weil sie ihn nicht mochte.

Babaanne hatte Hühner, die jeden Tag Eier legten, und ein Pferd, das aussah wie ein Esel.

„Eşoleşek!", sagte Babaanne immer, weil das Pferd einen Esel als Baba hatte. Das gefiel uns so, dass wir darüber lachen mussten.

Außer den Tieren lief noch ein großer Mann durch Alaca. Yalcin war so groß und so dünn, dass man ihn sogar im Maisfeld sehen konnte.

Er hatte schwarze Haare, die immer nass waren, schwarze Augen und eine ganz lange, spitze Nase. Sogar seine Zähne waren schwarz.

„Yalcin ist unser Dorftrottel. Sein Kopf ist leer, aber sein Herz lacht immer", sagte Babaanne.

Yalcin war meistens von einer Horde Jungs umringt, die in die Hände klatschten und um ihn herumtanzten. Alle machten sich über ihn lustig. Yalcin aber schien sich zu freuen und tanzte einfach mit.

Obwohl er ein lustiges Herz und ein lachendes Gesicht hatte, sah Yalcin zum Fürchten aus. „Vor Dummen braucht man keine Angst zu haben. Fürchtet euch vor Gelehrten", sagte Babaannem.

Wenn wir mit Babaanne an einem der Dorfcafés vorbeigingen, erhoben sich die Männer und begrüßten Babaanne mit einem Kopfnicken. „Alles Hurensöhne!", murmelte Babaanne und zog ihre Mundwinkel nach unten.

Meine Babaanne kannten alle im Dorf, und sie wurde „kara Cavus", schwarzer Oberfeldwebel, genannt. Ich glaube, die meisten hatten Angst vor ihr. Sie wusste zwar nicht, wie alt sie war, aber ich glaube, Babaanne war sehr, sehr alt. Ihr Gesicht war so faltig und so verschrumpelt, dass Wassertropfen manchmal gar nicht herunterlaufen konnten. Sie blieben in den Falten hängen.

Alaca war wirklich ein schönes Dorf mit seinen vielen bunten Häusern. Alle Menschen hatten ihre eigenen Häuser, obwohl keiner jemals in Deutschland war. Die meisten Häuser hatte Itilmis Amca gebaut. Er wurde „Ausgestoßener" genannt, weil seine Frau ihn immer wieder aus dem Haus warf. Wenn Itilmis Amca betrunken nach Hause kam, wurde seine dicke Frau so wütend, dass sie ihn vor die Tür setzte. Itilmis Amca hatte von seinem Vater gelernt, wie man Häuser baute. Er verlangte kein Geld. Für ein paar Säcke Korn und ein paar Säcke Maismehl bekam man von ihm ein Haus gebaut.

Mine und ich wollten Itilmis Amca unbedingt nach Istanbul mitnehmen, damit er uns dort auch ein Haus bauen konnte.

Alaca hatte viele Straßen, aber wir mussten nicht so aufpassen wie in Deutschland, weil es kaum Autos gab. Die meisten Leute in Alaca nannten meine Abla und mich „alamanci Kizlar", die deutschen Mädchen, weil alle wussten, dass wir aus Deutschland kamen.

Der netteste Mann in ganz Alaca aber war Ismail Amca. Alle nannten ihn „Kilibik Ismail", was soviel hieß wie „Pantoffelheld Ismail", weil er nie ins Café ging, keinen Raki mochte und auch nicht Karten spielte. Im Hamam erzählte er den Männern anscheinend immer, dass sie ihre Frauen respektieren und dass sie ihnen im Haus und bei der Feldarbeit helfen sollten. Hinter seinem Rücken lachten die anderen ihn aus, aber wenn sie mal Probleme mit ihren Frauen hatten, gingen alle zu „Kilibik Ismail" und seiner Frau Melike und baten um Rat. Leider hatten Onkel Ismail und seine Frau keine Kinder, jetzt waren beide schon ziemlich alt. Ismail Amca hatte viele Jahre bei der Post gearbeitet, aber inzwischen war er im Ruhestand. Melike Teyze war Lehrerin gewesen. Sie trug nicht mal an Ramadan ein Kopftuch, aber das war nicht so schlimm. Sie war nicht die Einzige in Alaca.

Wir waren schon sechs Wochen bei Babaanne. Ablam ging immer noch nicht in die Schule, und manchmal war es richtig langweilig. Wir bekamen nie Besuch, und Babaanne wollte auch niemanden besuchen.

„Babaanne, hast du keine Freunde in Alaca? Meine Anne hat ganz viele Freundinnen in Deutschland."

Mine sah mich dabei an und zog die Schultern hoch. Babaanne gab lange keine Antwort. „Freunde gibt es nicht, Çocuklar, merkt euch das. Sie nehmen einem den Mann weg oder heulen einem die Ohren voll mit ihren Sorgen!" Babaanne wurde böse und ging auf den Innenhof, um die Hühner wieder in den Stall zu scheuchen.

Danach scheuchte sie uns auch ins Bett, wie ihre Hühner.

Wenn Mine und ich abends im Bett noch tuschelten, sagte Babaanne immer: „Schscht, seit sofort still, sonst hol ich den Yalcin rein!"

Dann war Ruhe, und wir schliefen sofort ein. Wir hatten Yalcin schon mal an unserem Haus vorbeilaufen sehen und waren vor Angst fast gestorben. Yalcin sah nachts noch schlimmer aus als bei Tageslicht.

Vor dem Schlafengehen erzählte Babaanne uns immer Geschichten von Dede, der viele Frauen gehabt hatte. Aber Babaanne war unsere echte Babaanne. Die anderen waren schmutzige Frauen gewesen, die ohne Trauschein mit Dede zusammen waren. Babaanne hatte wegen Dede viel leiden müssen, weil er auch immer im Café gewesen war und Raki getrunken hatte. Mein Dede war mal ein reicher Mann gewesen, aber er hatte viel Geld beim Kartenspielen verloren und für diese schlechten Frauen ausgegeben.

„Allah sei Dank, er ist gestorben, bevor er dieses Haus auch verspielen konnte. Dieser Hurensohn!", seufzte sie dann und hob die Hände zu Allah.

Einmal standen ein paar Dorfkinder vor der Haustür und fragten, ob wir rauskommen würden zum Spielen. Aber Babaanne jagte sie alle mit ihrem Besen weg. Sie wollte nicht, dass wir mit anderen Kindern spielten. Sie sagte, dass viele Kinder keinen Knochen in der Zunge hätten und oft böse Ausdrücke benutzen würden. Babaanne wollte nicht, dass wir uns mit ihnen anfreundeten.

Seit wir in Alaca waren, hatte meine Abla mich nie mehr geärgert. Aber sie war auch nicht mehr so lustig wie in Deutschland.

„Wir sind jetzt seit zwei Monaten hier und Anne hat noch kein einziges Mal geschrieben, Nilgün. Meinst du, sie holt uns wirklich irgendwann mal ab?"

„Gefällt es dir hier nicht?", fragte ich.

Mine vergrub ihr Gesicht in den Händen und fing an zu weinen. „Das hier ist nicht unsere Heimat, und das ist auch nicht Türkiye. Ich möchte in Istanbul sein und dort in die Schule gehen. Ich hasse diese alte Hexe!" Sie wischte sich die Tränen vom Gesicht.

Babaanne war sehr streng, aber sie hatte uns noch nie geschlagen.

„Ich bin doch bei dir, du musst nicht weinen, und außerdem kommt Anne bestimmt bald und holt uns ab. Aber so ein Haus ist teuer. Sie muss bestimmt noch mehr arbeiten und viel sparen!" Diesmal versuchte ich, meine Schwester zu trösten.

Plötzlich stand Babaanne neben uns und rückte ihr Kopftuch zurecht.

„Hört auf mit dem Gejammer. Kommt rein, wir essen."

„Babaanne, ich habe keinen Hunger", sagte Ablam und fing wieder an zu weinen, „Annem hat uns vergessen, sie wird nie kommen."

„Natürlich wird eure Anne bald kommen und euch holen." Babaanne fing an zu singen: „Ağlama yavrum, ağlama, üc gün kaldi bayrama."

Danach gab sie uns aus ihrem Şalvarbeutel eine Handvoll braunen Kandiszucker.

„Lasst uns Süßes essen und Süßes sprechen", sagte sie und drückte uns fest an ihre Brust. Manchmal konnte Babaanne richtig lieb sein.

Einmal hatte sie uns Popcorn gemacht, und ich durfte auch schon mal bei ihr im Bett schlafen, weil ich schlecht geträumt hatte.

Aber das Beste war, Babaanne hatte immer braunen Kandiszucker in ihrer Tasche.

Wenn man ein Stück Kandiszucker ein wenig lutscht und es dann in die Hand nimmt, sieht es aus wie ein Edelstein.

„Schau Babaanne, ich bin reich, ich bin reich!", rief ich dann, und wenn ich damit um meine Babaanne herumtanzte, sagte sie: „Kızım, gehen wieder mal deine Ziegen mit dir durch?" Sie seufzte laut und versteckte ihr Gesicht, damit wir ihr Lachen nicht sehen konnten.

„Wir sind doch nicht zum Lachen auf die Welt gekommen, sondern zum Arbeiten. Wer zu viel lacht, muss auch sehr viel weinen!", sagte Babaanne immer.

Samstags war immer Hamam-Tag, wie in Deutschland auch. Babaanne wickelte unsere Badetasche zusammen, und Mine versuchte sich jedes Mal zu drücken.

„Babaanne, ich will nicht ins Hamam, mir ist es zu warm dort. Ich hasse das Hamam. Babaanne, darf ich nicht zu Hause baden?"

„Eşoleşek, willst du stinken wie Yalcin? Los, beeilt euch, wir gehen. Hadi hadi, kisch kisch." Dann jagte sie uns wie die Hühner auf die Straße.

Mir gefiel es gut im Hamam, weil es ganz viel Wasser gab. Wir konnten uns mit der Kelle begießen, sooft wir wollten. So viel warmes Wasser hatten wir nicht mal in Deutschland.

Im Hamam hatten am Frauentag nur Frauen Zutritt, deshalb war es nicht Günah, nackt zu sein. Natürlich mussten wir unser Kuku mit der Hand zudecken.

Mine hatte sich zwischen die Beine von Babaanne zu setzen, und dann wurde sie eingeseift. Wenn Ablam zu schreien anfing, weil ihr die Augen brannten, schlug ihr Babaanne mit der Kelle auf den Kopf.

„Schscht, wenn Seife in den Augen brennt, bekommt man schöne Augen", sagte sie.

„Ich will aber keine schönen Augen", schrie Mine.

Babaanne schrubbte unsere Köpfe wie ihre Wäsche, nur war sie beim Wäsche waschen nicht nackt. Wenn Babaanne meinen Kopf fest an sich drückte, um meine Haare einzuseifen, bekam ich ständig ihre großen, hängenden Brüste auf die Ohren geklatscht. Mal rechts mal links. Ich versuchte immer, in ihren Busen reinzubeißen, während Mine probierte, sich lozureißen, aber Babaanne klemmte uns so fest zwischen ihre dicken Schenkel, dass auch Ablam keine Chance hatte.

Dann nahm sie ein hartes Tuch in die Hand und rieb uns die schmutzige Haut ab. Lauter schwarze Dreckröllchen kullerten an unserem Körper herunter.

„Babaanne, du ziehst uns die Haut ab!", schrie Mine. „Schscht! Das ist noch der Dreck von Alamanya", sagte Babaanne und klopfte wieder mit der Kelle auf Ablas Kopf.

Wenn Babaanne zu müde war, um uns abzureiben, ließ sie die Hamamfrau kommen. Die Frau war zwar ganz dünn und klein, aber kräftig wie ein Löwe. Und wenn sie den Rücken von meiner Babaanne ganz fest abrieb, gab Babaanne ihr immer ein Bakschisch.

Eine ältere Frau beobachtete meine Abla und lächelte sie die ganze Zeit an.

„Maşallah, großartig!", sagte sie und klopfte sich auf ihre nackten Schenkel.

Dann stand sie auf und setzte sich neben Babaanne.

„Oh, du hast eine sehr hübsche Enkeltochter, Allah schütze sie vor bösen Blicken. Wie alt ist sie denn?"

„Wenn Allah Finger hätte, würde er dir die Augen auskratzen. Sie ist noch ein Kind, du schamloses Weib!", antwortete Babaanne und warf ihre Kelle auf den Boden. Wir mussten uns gleich anziehen und nach Hause gehen.

„Ich habe es schon immer gesagt, alles Aasgeier."

„Babaanne, warum bist du im Hamam so böse geworden? Hat die Frau etwas Schlimmes gesagt?", fragte Mine, als wir draußen waren.

„Ihr versteht das nicht. Im Hamam halten diese Frauen Ausschau nach einer Braut für ihre Enkel oder Söhne. Ihr seid natürlich eine gute Beute aus Alamanya."

„Aber ich bin doch erst elf Jahre alt und noch lange keine Braut."

„Allah bringt eine Frau gleich als Braut auf die Welt, da spielt das Alter keine Rolle", knurrte Babaanne.

Zu Hause zog sie wieder ihren weißen Kamm aus der Şalvartasche und machte mit ihrer Spucke meine Locken weg, zog einen Strich auf einer Seite und sagte: „Güzel Kızım". Dann fing sie an, die Haare von Ablam zu kämmen.

„Mine, bring mir die Schere aus der Nähkiste", befahl Babaanne. Sie flocht meiner Abla zwei Zöpfe, setzte die Schere an und schnitt einfach einen ab. Ich saß da und konnte meine Zunge nicht bewegen. Mein Herz klopfte ganz laut und meine Knie zitterten so stark wie der kranke Hund, den die Dorfkinder erschlagen hatten. Ablam sprang auf, bevor Babaanne ihr den zweiten Zopf abschneiden konnte.

„Was hast du getan, Babaanne?", schrie Ablam weinend. „Ich habe Annem versprochen, meine Haare lang zu lassen." Mine rannte weg.

Ich fing auch an zu weinen. „Anne wollte kommen, wenn Mines Haare auf den Hüften sitzen, jetzt wird meine Anne nie kommen!", schluchzte ich verzweifelt.

„Seid ihr zwei verrückt geworden? Wie führt ihr euch auf? Schämt ihr euch denn gar nicht? Ich bin eine alte Frau. Wie soll ich jeden Tag diese langen Haare von ihr kämmen und pflegen?", brüllte Babaanne wütend.

Ich hasste diese alte Frau. Ablam hatte recht. Sie war eine Hexe. Babaanne wollte gar nicht, dass meine Anne kam und uns abholte. Sie war böse und sie war hässlich, richtig hässlich!

Ablam hatte eine schiefe Frisur, und erst nach drei Tagen schnitt sie sich den anderen Zopf ab. Jetzt würde es noch lange dauern, bis ihre Haare auf die Hüften hinunterreichten, aber wir wollten Annem einen Brief schreiben und ihr alles erzählen. Dann würde sie bestimmt auch früher kommen.

Die Hochzeit von Mahmut Ağas Sohn

Ablam und ich spielten Blinde Kuh. Ich sah trotz meiner verbundenen Augen immer, wo Ablam war, und konnte sie auch gleich fangen. Mine hatte ein schwarzes Tuch, um sich die Augen zu verbinden, wenn sie an der Reihe war. Da konnte man nicht schummeln, weil das viel zu dunkel war. Aber das wusste sie zum Glück nicht.

Babaanne saß auf dem Boden und machte Fladenbrote. Ab und zu schmierte sie einen Fladen mit Butter ein, rollte ihn zusammen und drückte ihn uns in die Hand. Dürüm mit Butter war mein Lieblingsessen. Das schmeckte sogar besser als deutsche Brezeln!

Plötzlich klopfte es am Tor. Wir hatten nämlich einen Löwenkopf mit einem Eisenring im Maul an der Tür hängen, und wenn jemand daran klopfte, war es so laut, dass man es im ganzen Haus hören konnte. Mine rannte zum Tor und schob den schweren Riegel beiseite.

Ein Junge trat ein und küsste gleich die Hand von Babaanne.

„Mahmut Ağa möchte euch zur Hochzeit seines Sohnes einladen. Das ganze Dorf ist eingeladen, am Freitag wird der Hennaabend stattfinden, und am Samstag ist die Hochzeit, so Allah will“, sagte der Junge, ging ein paar Schritte zurück und senkte seinen Blick.

„Richte unsere Grüße aus, Allah segne das Brautpaar, wir kommen sehr gerne", sagte Babaanne und gab dem Jungen ein Dürüm in die Hand.

„Afiyet olsun, guten Appetit", sagte sie.

„Hier ist noch Post für euch", sagte der Junge und gab Babaanne einen Brief.

„Ist der von Anne? Sag schon, Babaanne, ist der von Anne?"

Wir waren seit sechs Monaten bei Babaanne, und das war der erste Brief. Ablam musste immer wieder eine Pause machen und schlucken, bevor sie weiterlesen konnte. Anne schrieb, dass sie ganz lange krank gewesen sei und deshalb nicht habe schreiben können. Sie vermisse uns sehr, und Baba habe vor kurzem sogar geweint, weil er es ohne uns nicht mehr aushielte.

Anne wollte uns so bald wie möglich besuchen, aber sie hatte noch kein Geld für das Flugticket. Sie schrieb, dass sie uns schöne Kleider und Puppen gekauft habe, und dass Giuseppe und Paola immer nach uns fragten.

Annes letzter Satz galt Babaanne: „Richtet Babaanne meine besten Grüße aus, ich küsse ihre Hände." Ablam drückte den Brief ganz fest an sich.

Babaanne stand auf, schüttelte wütend ihre mehligen Hände aus und wiederholte den letzten Satz des Briefes: „Richtet Babaanne Grüße aus, ich küsse ihre Hände ..." Dann nahm sie den Brief von Annem in die Hand und starrte ihn lange an.

„Babaanne, du kannst doch gar nicht lesen", sagte ich und sah meine Abla an.

„Seit Jahren kein Brief aus der Ferne, dann kommt einer und es steht nur ein kurzer Gruß an mich darin?"

Babaanne setzte sich ans Fenster, wackelte traurig mit dem Kopf und flüsterte wieder ihr Gebet.

„Babaanne, bist du böse?"

„Nein, Yavrum. So schnell gibt der Ungläubige kein Geld. Eure Eltern müssen noch lange arbeiten, bis sie sich ein Haus kaufen können."

Den Brief von Anne teilten Ablam und ich in der Mitte durch. Die eine Hälfte durfte sie behalten und die andere Hälfte ich.

„Babaanne, gehen wir wirklich zur Hochzeit von Mahmut Ağas Sohn? Dürfen wir mitgehen?"

„Ja, wir werden hingehen. Es ist unhöflich, eine Einladung abzulehnen, vor allem wenn sie von Mahmut Ağa kommt."

Ablam und ich waren sehr aufgeregt. Wir waren noch nie auf einer Dorfhochzeit gewesen.

Mahmut Ağa war einer der reichsten Männer von Alaca.

„Babaanne, was ziehen wir an? Dürfen wir unsere Deutschlandkleider anziehen?", fragte Mine.

Babaannem nickte und sagte, dass wir zeigen müssten, woher wir kämen und wie gut es uns ginge. Ablam durfte ihren karierten Rock und die Jacke dazu anziehen, die Annem ihr mal genäht hatte. Aber weil unsere Deutschlandkleider viel zu kurz waren, musste sie eine Hose darunter tragen. Ich durfte auch etwas aus unserem Deutschlandkoffer nehmen. Annem hatte mir ein Samtkleid mit Blumen genäht, und meine Deutschlandhausschuhe durfte ich auch zur Hochzeit anziehen.

Die Tage gingen ganz langsam vorbei, wir mussten viermal schlafen, bis es endlich so weit war.

Babaanne kämmte meine Locken glatt und zog mir den schönen Strich auf der Seite, und Mine bekam ganz oben auf dem Kopf einen Pferdeschwanz, der aussah wie der Dorfbrunnen.

Der Hennaabend wurde in Mahmut Ağas Haus gefeiert. Für die Hochzeit hatte er die ganze Schule gemietet. In der Sporthalle und im Hof sollte die Hochzeitsfeier stattfinden. In den Klassenräumen durften die Gäste übernachten, die von weither gekommen waren.

Mahmut Ağa hatte ein großes Haus. Die Frauen feierten drinnen, und die Männer waren draußen im Innenhof. Der ganze Wohnraum war voller Frauen und Kinder. Alle tanzten um die Braut herum. Die Braut saß auf einem Stuhl, und ihr Gesicht war mit einem roten Tuch bedeckt. Sie trug den Goldschmuck, den sie bereits von ihrem Bräutigam bekommen hatte.

Eine Frau hielt ein großes Tablett in der Hand, sie bückte sich hinunter zur Braut, mischte das Henna zusammen und sang dabei ein sehr trauriges Lied: „Bring das Henna, meine Mutter: Lass mich die letzte Nacht in deinen Armen schlafen, der Sohn des Fremden wird mich dir wegnehmen …"

Alle Frauen fingen an zu weinen. Man sah, wie die Braut zitterte, und plötzlich fiel die Brautmutter einfach um.

„Babaanne, ist die Brautmutter jetzt tot?"

„Hayır, Kızım, sie ist nur sehr traurig, dass sie ihr Herz hergeben muss. Sie hat ihr Kind jahrelang großgezogen, damit es ein Fremder jetzt mit Füßen tritt. Sie ist vor Schmerz umgefallen", sagte Babaanne und wischte sich heimlich ein paar Tränen aus dem Gesicht.

„Warum heiratet die Braut denn, wenn sie weiß, dass dieser Mann sie treten wird?", fragte Mine.

„Jetzt liebt er sie noch. Mal sehen, wie lange das gut geht", sagte Babaanne und wiegte sich wieder hin und her.

Als die Braut Henna in ihre Hände bekam, streckten alle Frauen und Kinder die Hände aus und bekamen auch Henna in die Handinnenflächen.

„Ich will nicht", sagte Mine und versteckte ihre Hände hinter dem Rücken.

„Natürlich willst du! Kina kommt aus Mekka, es ist heilig und bringt Glück", sagte Babaanne und schmierte beide Hände von Ablam voll. Mine rannte gleich hinaus, um ihre Hände abzuwaschen.

Ich war ganz stolz auf mein Kina in der Hand. Ein bisschen fühlte ich mich wie die Braut.

Endlich nahm man der Braut den roten Schleier von ihrem Gesicht ab, und sie durfte tanzen. Sie sah wunderschön aus. Ihre Lippen und ihre Wangen waren rot geschminkt. Über der Stirn hatte sie ein rotes Band, das mit Goldtalern bestickt war. Immer wieder zupfte eine Frau an ihrem Şalvar und sagte der Braut, sie müsse weinen, sonst würde man denken, dass sie ihr Elternhaus gerne verlassen würde. Dann lachten alle Frauen und sahen sich gegenseitig an.

Die Frau von Mahmut Ağa verteilte den Kindern Mandelbonbons und geröstete Kichererbsen und wünschte allen Müttern, dass sie ihre Töchter eines Tages ehrenhaft einem Bräutigam übergeben könnten.

Wir durften ganz lange bleiben, aber irgendwann waren wir so müde, dass mich meine Babaanne wieder auf dem Rücken nach Hause tragen musste.

Die Braut hatte sich persönlich von uns verabschiedet. Sie gab mir sogar die Hand und sagte, dass sie sich freuen würde, wenn wir am nächsten Tag zu ihrer Hochzeit kommen könnten. Babaanne sagte nur: „Inşallah, Yavrum, Inşallah."

Es war ein so schöner und aufregender Abend gewesen, aber auf die Hochzeit freute ich mich noch mehr! Am nächsten Tag wachten Ablam und ich ganz früh auf. Babaanne ging mit uns ins Hamam, und danach durften wir wieder unsere Deutschlandkleider anziehen. Babaanne war so stolz auf uns, dass sie uns zu Hüsnü Amca, dem Dorffotografen brachte.

„Dieses Foto schicken wir euren Eltern“ sagte Babaanne, „dann sehen sie, wie gut es euch hier geht!“

Die Hochzeit war wirklich noch schöner als der Hennaabend. Die Braut hatte ein wunderschönes weißes Kleid an. Sie trug sogar Handschuhe, wie eine Prinzessin. Ihre Haare waren hochgesteckt, und darauf war eine Krone befestigt, die mit Perlen bestickt war. Der Bräutigam hatte einen schwarzen Anzug an. Auch er war behängt mit ganz viel Gold und Geld.

Wir durften nicht wie andere Kinder rumtoben, weil das gut erzogene Mädchen nicht machten. Aber wir saßen im Saal mit Babaanne ganz vorne und konnten alles sehen.

Frauen und Männer waren wieder getrennt, aber sie durften im gleichen Raum feiern. Wenn die Männer tanzten, sahen die Frauen zu, und wenn die Frauen tanzten, durften die Männer zusehen. Nur das Brautpaar durfte zusammen tanzen. Diesmal war die Braut nicht so traurig, man sah, wie sie ab und zu unter ihrem feinen Schleier lächelte. Dann stand das Paar auf der Tanzfläche, und der Bräutigam holte aus seiner Hosentasche eine ganz lange Kette aus Gold, bestimmt drei Meter lang. Er hängte sie der Braut um den Hals und nun durfte er den Schleier heben. Das war der Preis für ihr Gesicht, erst jetzt durfte er ihren Schleier öffnen.

Die Braut sah aus wie eine Prinzessin.

„Babaanne, ich will auch mal heiraten!“

„Psst, sei ruhig, schämst du dich denn gar nicht, so was zu sagen?“

„Nein!", antwortete ich und kuschelte mich zu ihr. „Bekomme ich dann von meinem Bräutigam auch so eine Kette, damit er mein Gesicht sehen darf?"

Meine Babaanne hielt sich die Hand vor den Mund, damit niemand ihr Lachen sehen konnte. „Du bekommst sicher eine viel längere Goldkette, güzel Kızım."

Der Vater vom Bräutigam lief ganz stolz über die Tanzfläche und warf viele Bonbons, Kichererbsen und sogar Geld in die Menschenmenge. Wir durften nichts aufsammeln. Babaanne hatte uns das verboten.

„Ihr seid Alamanci, das haben wir nicht nötig", sagte Babaanne.

Ein paar Männer holten ihre Waffen raus und feuerten Schüsse ab, obwohl das gar nicht erlaubt war. Aber Mahmut Ağa durfte das, schließlich nannte man ihn nicht umsonst Ağa, Herr.

Dann kam ein Mann auf die Tanzfläche und bat das Brautpaar zu sich. Die Eltern, Geschwister und die Verwandten kamen alle mit ihren Geschenken zu der Braut und dem Bräutigam. Sie behängten die beiden mit Gold und Geld. Mahmut Ağa hielt einen Schlüssel in der Hand und zeigte ihn den Hochzeitsgästen. In der anderen Hand hielt er das Megaphon und verkündete, dass dies ein Hausschlüssel sei. Er wünschte sich viele Enkelsöhne und drückte seinem Sohn den Schlüssel in die Hand. Wir standen alle auf und klatschten in die Hände. Mahmut Ağa feuerte wieder Schüsse in die Luft. Das Brautpaar freute sich sehr und tanzte mit ihm.

Im Schulhof standen große Schüsseln und Töpfe, und ganz viele Lämmer wurden gegrillt. Mahmut Ağa hatte extra für die Hochzeit aus Ankara einen Koch mit seinen Gehilfen kommen lassen. Es gab jede Menge Fleisch, Reis, Bohnen, Gemüse und Salat.

„So muss eine Hochzeit sein", sagte Babaanne, „und mich hat man für zwei Kühe verkauft!" Dabei wackelte sie mit dem Kopf.

Irgendwann war ich wieder so müde, dass wir nach Hause gehen mussten.

Auf dem Heimweg stellte ich mir vor, wie mein Bräutigam mich mit Gold behängte und alle Menschen mich bewunderten, weil ich eine so wunderschöne Braut war. Ich wollte unbedingt so bald wie möglich auch eine Braut sein und ein weißes Kleid mit Handschuhen tragen.

Mein Freund Yalcin

Ablam und ich durften manchmal ohne Babaanne bei Necmi Amca einkaufen gehen. Unterwegs trafen wir ganz viele Leute, die sich alle nach unserer Anne erkundigten. „Alamanci-Mädchen, ist eure Anne schon da?"

„Hayır, aber sie kommt bald", antwortete Ablam.

„Inşallah, Yavrum, Inşallah", sagten alle und streichelten uns über die Haare.

Necmi Amca hatte neue Ware bekommen. In seinem Schaufenster lag ein wunderschöner roter Ball mit weißen Punkten. Aber der war viel zu teuer, soviel Geld hatten wir nicht.

Mine ging in den Laden, um Petroleum und Kerzen zu kaufen, aber ich blieb vor dem Schaufenster stehen und sah mir die schönen Sachen von Necmi Amca an. Plötzlich stand ein großer Mann neben mir. Er war so nah, dass ich ihn sogar atmen hören konnte. Es war Yalcin, ich sah sein Spielgelbild ganz deutlich im Fenster von Necmi Amca. Zuerst versuchte ich, ihn gar nicht anzusehen, aber meine Angst wurde immer größer. Eigentlich wollte ich gleich zu meiner Abla gehen, aber meine Beine gehorchten mir nicht. Ich starrte Yalcin im Fenster an, versuchte, mich gar nicht zu bewegen, da zeigte er plötzlich auf den Ball und lachte mich an. Er versuchte, mir etwas zu sagen, aber ich konnte ihn nicht verstehen.

Ich sah ihm ganz mutig direkt in die Augen. „Ne oldu, was willst du?"

Yalcin zeigte wieder auf den Ball und klatschte in die Hände.

Babaanne hatte uns erzählt, dass Yalcin nicht sprechen konnte, weil er keine Zunge hatte. Seine Anne war schon vor langer Zeit gestorben. Danach musste er bei seinem Stiefvater leben. Damals war Yalcin noch ein kleiner Junge, und sein Stiefvater war ein sehr böser Mensch, der Yalcin oft verprügelte. Eines Tages nahm er sein Taschenmesser und schnitt Yalcin die Zunge ab. Danach musste er ins Gefängnis, und Yalcin blieb ganz allein. Eigentlich war er aber gar nicht allein, weil das ganze Dorf für ihn sorgte.

Babaanne sagte immer: „Dieser Hurensohn hat ihm nicht nur die Zunge abgeschnitten, er hat ihm auch sein Gehirn genommen."

Yalcin beugte sich zu mir runter und streichelte sich selbst die Wange, bevor er mir seine Hand entgegenstreckte. Zuerst wollte ich nicht, aber dann gab ich ihm doch meine Hand. Er küsste sie und gab mir eine Handvoll Leblebi aus seiner Hosentasche. Die Kichererbsen waren ganz feucht. Dann zeigte er wieder auf den roten Ball. Ich nickte ihm zu, und zog die Schultern hoch.

„Du sollst nicht mit ihm sprechen. Du weißt doch, dass er verrückt ist", schimpfte Mine und zerrte mich weg.

„Lass mich los, das weiß ich selber!“, antwortete ich wütend.

Ich winkte Yalcin noch einmal kurz zu, und wir machten uns auf den Weg nach Hause. Mit einem Mal standen wieder ganz viele Jungen um Yalcin herum und begannen, ihn zu ärgern. Sümüklü Ali gab Yalcin einen Tritt in den Hintern und rannte einfach weg. Diesmal gefiel es Yalcin gar nicht, dass die Jungs ihn ärgerten, aber er wehrte sich nicht, obwohl er viel größer und sicher auch viel stärker war als sie.

Mine und ich blieben stehen und sahen, wie Yalcin versuchte wegzurennen, aber die Jungs ließen ihn nicht gehen.

Ablam nahm ein paar Steine in die Hand und rannte zurück. „Haut sofort ab, lasst ihn in Ruhe, sonst hole ich Babaanne!“

Sie warf einen Stein nach Ali. „Verschwindet, los, haut ab!“, schrie Ablam. „Dich nennt man nicht umsonst den verrotzten Ali. Lern erst mal deine Nase putzen.“ Mine warf noch einen Stein hinter Sümüklü Ali her.

Da rannten alle davon. Vor meiner Babaanne hatten die meisten in Alaca nicht nur Respekt, sondern Angst. Einmal hatte meine Babaanne einen Mann geschlagen, weil er einem Mädchen hinterhergepfiffen hatte. Meine Babaanne war richtig stark. Außerdem durfte man sich älteren Menschen gegenüber nicht wehren oder gar die Hand gegen sie erheben, das war ein ganz großes Vergehen!

Yalcin kam gleich zu uns und gab Mine auch eine Handvoll Kichererbsen.

„Yalcin, du bist doch viel stärker als die, warum wehrst du dich denn nicht?“

Er sah mich nur an und zog die Schultern hoch. Gemeinsam machten wir uns auf den Heimweg.

„Yalcin, stimmt es, dass du dumm bist?“

Mine zwickte mich in die Hand. „So was fragt man nicht, halt den Mund."

Yalcin schüttelte den Kopf.

„Siehst du, er ist nicht dumm", antwortete ich.

„Nilgün, du bist manchmal so einfältig! Dumme wissen doch gar nicht, dass sie dumm sind", flüsterte Mine.

„Hm, aber Yalcin ist nicht dumm. Stimmt's, Yalcin?"

Yalcin freute sich, nickte und klatschte wieder in die Hände. Er brachte uns bis vor die Haustüre und saß anschließend noch ganz lange auf der Steintreppe.

Wir erzählten Babaanne, was wir erlebt hatten, und sie sagte immer wieder: „Orospu Çocuklari, das sind alles Hurensöhne!"

Dann sah sie aus dem Fenster. „Der arme Junge hat niemanden daheim, der auf ihn wartet."

„Darf er uns mal besuchen, Babaanne?", fragte ich. Babaanne überlegte kurz und sagte dann: „Niye olmasin, warum nicht, er ist ein harmloser Trottel."

Da wir überhaupt keine Angst mehr vor Yalcin hatten, nützte es nun gar nichts mehr, wenn Babaanne uns abends mit „Schlaft sofort, sonst hole ich Yalcin!" drohte. „Ihr habt es auch begriffen, dass sogar eine Fliege gefährlicher ist als Yalcin", sagte sie und versteckte ihr Lachen.

Einige Tage später hatte Yalcin uns eine Puppe aus Stoff gemacht, die sogar Haare hatte. Er hatte einen Maiskolben mit Stoff umwickelt. Die roten Maiszipfel schauten oben raus und sahen aus wie Haare. Ich wollte ihm natürlich auch eine Freude machen und schenkte ihm ein Pustefix, das ich aus Deutschland mitgebracht hatte. Als ich ihm zeigte, wie man große Seifenblasen machen konnte, war er so begeistert, dass er einen Handstand machte. Irgendwann müssen Yalcin und ich eingeschlafen sein.

„Hey, wacht auf!", rief Mine. „Wirst du Yalcin später heiraten?", fragte sie und wackelte mit den Hüften. Mine war manchmal richtig dumm.

Yalcin hatte immer gute Ideen. Er konnte sogar aus Zeitungspapier und Plastiktüten einen Ball basteln, und er wusste wie man Amseln fangen konnte. Davon war auch meine Babaanne ganz begeistert, weil wir nun viel öfter Fleisch zu essen hatten. In der Küche gab es ein Fenster, das man nach oben klappen konnte. Yalcin befestigte eine Schnur an dem Fenstergriff und ließ das Fenster offen. Auf das Fensterbrett innen streuten wir Brotkrümel und sobald die Amseln die Brotkrümel aufpickten, zog Yalcin an der Schnur und das Fenster klappte zu. Die Amseln waren gefangen und schwirrten benommen in der Küche umher. Babaanne schlug sie dann mit dem Besen runter. Zuerst überbrühte sie die Vögel mit heißem Wasser, und danach durften Mine, Yalcin und ich die Federn ausrupfen. Jeder durfte seine Amsel selbst auf dem Feuer grillen. Yalcin hatte uns richtige Grillstöcke geschnitzt, und hin und wieder durfte er mitessen.

Yalcin war der lustigste Mensch auf der ganzen Welt! Einmal hatte er sich einen schwarzen Schleier von Babaanne angezogen und war im Hof herumgelaufen wie eine Frau. Mine und ich mussten so lachen, aber als Babaanne das sah, bekam er ihren Gummischuh zu spüren. Danach versteckte sie allerdings wieder ihr Lachen.

Weil Babaanne glaubte, dass Yalcin Läuse hätte, durfte er nur ins Haus kommen, wenn er die Amseln jagte. Aber Yalcin hatte bestimmt keine Läuse, weil er doch so lieb war.

Yalcin war mein bester Freund! Wir saßen oft vor der Scheune. Ich erzählte ihm von meiner Anne, von Deutschland und von meinen Freunden. Yalcin hörte mir ganz aufmerksam zu, und manchmal gefiel es ihm so gut, dass er wieder anfing zu tanzen.

„Zum Glück hat Yalcin keine Zunge, aber bei dir kommt ja einer mit Zunge auch nicht zu Wort", sagte Babaanne immer.

Eines Tages mussten wir beide weinen, weil ich von meiner Anne erzählt hatte und Yalcin seine Anne auch sehr vermisste. Er zeigte mir, wie seine Anne ihn auf ihren Beinen hin und her in den Schlaf geschaukelt und wie sie ihm den Rücken gestreichelt hatte. Dann zeigte er mir, wie sein Stiefvater ihn geschlagen hatte und wie böse er immer auf Yalcin gewesen war. Wir hatten den leeren Kartoffelsack von Babaanne mit Zeitungspapier gefüllt und das war der Stiefvater von Yalcin. Ich nahm den Besen in die Hand und schlug seinem Stiefvater auf den Kopf. Yalcin traute sich zuerst nicht und versteckte sich bei den Hühnern, wenn ich seinem Stiefvater auf den Kopf schlug. Aber dann wurde er so mutig, dass er diesem bösen Mann mit den Füßen in den Bauch trat.

Wir spuckten ihm ins Gesicht, und dann rannten wir ganz schnell weg und versteckten uns in der Scheune. Das war Yalcins Lieblingsspiel.

„Gehen eure Ziegen mit euch durch? Was macht ihr mit dem Kartoffelsack?", fragte Babaanne. Als ich ihr erklärte, dass es kein Kartoffelsack war, sondern der Stiefvater von Yalcin, schlug sie ihm mit der Faust auf den Kopf und spuckte ihm auch ins Gesicht. Begeistert küsste Yalcin Babaannes Hand, und wir tanzten und hüpften vor Freude im Hof herum.

„Jetzt gehen doch wieder eure Ziegen mit euch durch", sagte Babaanne und schüttelte den Kopf.

Manchmal saßen mein Freund und ich aber auch nur da und sahen uns einfach ganz lange an.

Wenn Yalcin abends nach Hause gehen musste, wurde er sehr traurig. Er saß dann oft noch lange vor unserem Tor, bis es dunkel wurde.

„Wenn es nur eine Möglichkeit gäbe, diesen Jungen zu verheiraten", sagte Babaanne und sah aus dem Fenster. „Allahım, schick diesem armen Kerl ein Weib oder etwas mehr Hirn." Dabei sah sie hoch zu Allah und seufzte ganz laut.

„Ich würde Yalcin gleich heiraten!", sagte ich und hüpfte aus dem Bett.

Zum ersten Mal sahen wir, wie meine Babaanne ganz laut und lange lachte, ohne sich hinter ihren Händen zu verstecken. Mine lachte mich auch aus, und ich wurde ganz rot im Gesicht, so sehr schämte ich mich. Lustig fand ich das eigentlich überhaupt nicht. Yalcin hätte ich wirklich geheiratet! Er war gar nicht so hässlich, wie ich am Anfang gedacht hatte, und mit Yalcin hätte ich doch jeden Tag spielen können. Er ging nie ins Café und er trank auch keinen Raki. Und wenn wir verheiratet wären, müsste er abends nicht nach Hause gehen.

„Schscht, geht ins Bett. Schlaft jetzt. Großer Allah, hoffentlich muss ich nicht weinen, weil ich so viel gelacht habe", sagte sie und wischte sich die Tränen aus dem Gesicht. Aber diesmal waren es Freudentränen.

„Gute Nacht, Kinder."

„Gute Nacht, Babaanne."

Babaanne musste noch immer lachen.

Ich war so froh, endlich einen Freund zu haben. Vielleicht dürfte ich ihn sogar heiraten, aber das wollte ich erst machen, wenn meine Anne bei uns war.

Yalcin kam ganz oft zu uns auf den Hof, um mit uns zu spielen. Mine gefielen unsere Spiele manchmal nicht, aber wenn es ihr langweilig war, spielte sie auch mit.

Ich wollte meine Anne unbedingt fragen, ob wir Yalcin mit nach Deutschland nehmen durften. Dann müsste ich nicht mehr alleine sein, und meine Anne könnte ganz unbesorgt arbeiten.

„Yalcin, warst du eigentlich schon mal in Deutschland? Da ist es so schön! Die meisten deutschen Menschen haben Augen, so blau wie das Marmarameer. Sie haben blonde Haare und eine ganz weiße Hautfarbe. In Deutschland ist es sauber auf den Straßen, da liegt nicht so viel Müll herum wie hier, und da laufen auch keine Tiere frei herum. Ich habe ganz viele deutsche Freunde", erzählte ich meinem Freund, der vor Freude in die Hände klatschte.

Ich erzählte ihm von dem netten Metzger, der mir immer die Schweinewurst gab, die ich ja nie essen durfte, von Helene und von Paola und Giuseppe. Yalcin grunzte wie ein Schwein und machte eine Steckdosennase. Das machte Yalcin immer, wenn ich von Deutschland erzählte. In Alaca dachten die Leute nämlich, dass die Deutschen aussähen wie Schweine, weil sie Schweinefleisch aßen.

„Yalcin, würdest du mit uns nach Deutschland kommen?"

Yalcin nickte, stand auf und fing wieder an zu tanzen.

„Yalcin, wie alt bist du eigentlich?"

Er zeigte seine zehn Finger zweimal und ich zählte nach.

„Du bist zwanzig Jahre alt? Dann muss ich ja Amca zu dir sagen."

Yalcin schüttelte den Kopf, nahm meine Hand und drückte mir einen Kuss darauf.

„Darf ich deine Zunge mal sehen?"

Yalcin öffnete seinen Mund und er hatte tatsächlich keine Zunge. Es war nur ein Klumpen zu sehen. Ich drückte ihn ganz fest und streichelte seine Haare, so wie es meine Anne immer mit mir gemacht hatte. Dann schlug ich wieder auf seinen Üveybaba ein und spuckte ihm ins Gesicht, wie meine Babaanne das auch getan hatte.

Manchmal jagte Babaanne meinen Freund einfach weg, weil sie Angst hatte, dass wir Yalcin eines Tages nicht mehr loswürden, und sie wollte nicht, dass er sich an uns gewöhnte. Schließlich würde uns Anne bald abholen kommen, und dann wäre Yalcin wieder einsam. Babaanne konnte natürlich nicht wissen, dass ich meinen Freund mitnehmen wollte.

Bald kann noch so lange sein

Wir waren schon sehr lange in Alaca, und Annem hatte uns erst drei Briefe geschickt.

Sie schrieb, dass sie bald kommen würde, aber „bald" kam nie.

Babaanne hatte meine Schwester noch nicht mal in der Schule angemeldet, und es gab auch keine Bücher, die Ablam lesen konnte.

„Babaanne, vielleicht sollte ich doch in die Schule gehen. Wir sind schon acht Monate hier, und wenn Anne erfährt, dass ich noch gar nicht in der Schule war, wird sie sicher ganz böse", schlug Mine vorsichtig vor.

„Die Lebensschule ist wichtiger!", antwortete Babaanne und drückte Ablam die Schüssel mit Linsen zum Waschen in die Hand.

Babaanne saß am Fenster, schnitt die Köpfe der Okraschoten ab und summte vor sich hin.

„Schon wieder Bamya? Die sind doch immer so schleimig!"

„Ihr seid schon richtig verwöhnte ‚Alamankinder'", sagte Babaanne und warf Mine einen bösen Blick zu. Ablam verdrehte wie immer die Augen und zeigte Babaanne heimlich einen Vogel.

„Babaanne, es sind schon acht Monate vergangen, seit wir hier sind, und Anne hat uns immer noch nicht abgeholt. Sie hatte doch in den letzten Briefen immer geschrieben, dass sie bald kommen würde. Vielleicht ist ihr etwas zugestoßen? Vielleicht ist das Flugzeug abgestürzt? Sie hat auch schon so lange keinen Brief mehr geschickt."

Als Ablam das sagte, wurde ich ganz traurig und fing an zu weinen und setzte mich auf Babaannes Schoß.

„Babaanne, wann ist bald?"

Babaannem erzählte uns, als sie so alt war wie wir, hätten sie und ihre Geschwister ein Mal im Jahr an Ramadan Bayrami ein neues Kleid und Gummischuhe bekommen. Ein paar Tage nach dem Fest fragten sie ihre Anne, wann wieder Bayram wäre und wann sie wieder ein neues Kleid bekommen würden. Darauf antwortete die Anne meiner Babaanne: „Bald Kinder, bald ist wieder Bayram." Dabei waren es noch viele Monate bis zum nächsten Feiertag.

„Bald kann noch lange sein, Kinder, hört auf zu warten!", sagte sie und machte meine Haare wieder schön.

Ablam starrte aus dem Fenster und wischte sich die Tränen ab. Dann sprang sie auf und sagte zu Babaanne, dass sie nicht so blöde Geschichten erzählen solle, knallte die Tür hinter sich zu und ging ins Bett.

„Wenn dieses Mädchen ihre Ziegen im Kopf nicht zu zähmen lernt, wird sie nie einen Mann bekommen", sagte Babanne und zupfte ihr Kopftuch zurecht. Dann sah sie ganz lange aus dem Fenster.

„Babaanne, bist du traurig?", fragte ich sie.

„Es gibt keine glücklichen Menschen, Yavrum", antwortete sie und fing plötzlich an zu lachen. „Doch, Yalcin ist immer glücklich, aber auch nur, weil er nichts zum Denken hat."

„Yalcin ist nicht dumm, er ist mein bester Freund!", brauste ich auf.

„Ich weiß, du willst ihn heiraten", sagte Babaannem. „Aber du wirst später bestimmt einen Prinzen heiraten, der meine kara Kızım auf Händen tragen wird."

„Babaanne, das kann Yalcin auch, der ist so stark!"

Darüber mussten wir beide lachen.

„Yavrum, erzähl mal, habt ihr eine schöne Wohnung und schöne Möbel in Alamanya? Ist mein Sohn glücklich in der Fremde?"

Eigentlich hatte Babaanne uns verboten, über Deutschland zu erzählen, weil sie Baba so vermisste und sie das sehr traurig machte.

„Hadi, Kızım, erzähl, wie ist es in Alamanya?"

Babaanne war irgendwann in Alaca auf die Welt gekommen und das war schon sehr, sehr lange her. Sie war noch nie in einer anderen Stadt gewesen. Einmal ist sie bis zum nächsten Dorf gelaufen, um nach Dede zu suchen, weil er wochenlang nicht nach Hause gekommen war.

Sie hatte ihn bei einer anderen Frau gefunden. Danach musste Dede selbst für sich kochen, weil Babaanne böse auf ihn war. Das war das einzige Mal, dass Babaanne woanders auf dieser Welt war.

„Bist du auch nicht böse oder traurig, wenn ich über Deutschland erzähle?"

„Hayır, Kızım, hadi, erzähl schon", sagte sie noch mal.

Ich erzählte ihr von unserer Zweizimmerwohnung und von dem Metzger, der mir immer „Schweinewurst" gab. Von

Ali Amca und seinen großartigen Geschäften und von unserem Kater Tekir.

„Ich bin nicht einmal so weit gekommen wie dieses undankbare Tier", seufzte Babaanne und wackelte mit ihrem Kopf hin und her.

Dann erzählte ich Babaanne, dass Baba ganz oft Raki trank und immer Karten spielte, dass er sogar Anne geschlagen und die Miete nicht bezahlt hatte.

„Er ist der Sohn seines Vaters, wie kann es auch anders sein. Eşoleşek!", fluchte Babaanne.

„Weißt du, Babaanne, die Deutschen glauben nicht an Allah, sie haben ihren eigenen Gott und der hat keine Hölle, wo er seine Menschen verbrennt."

„Tövbe, mein Kind, Buße. Allah vergib, und verschone uns vor der Hölle!", sagte sie und erhob die Hände zu Allah.

„Nein, Babaanne, meine Freundin Helene geht jeden Sonntag in die Kirche und da erzählt sie alles dem Pfarrer, das ist der Alaman Hoca. Der hört sich alles an und dann vergibt er ihr. Die Deutschen haben keine Schicksalsbrücke, und ihr Gott straft sie auch nicht wie Allah."

„Sag Tövbe, sonst trifft dich gleich der Schlag. Los, sag Tövbe, bitte Allah um Verzeihung!" Sie war sehr aufgeregt, und wir erhoben beide unsere Hände zu Allah.

„Tövbe!", sagte ich. „Aber ich erzähle dir doch nur, was meine Freundin mir erzählt hat, Babaanne."

Sie schüttelte mich fest an den Armen und sah mir böse in die Augen.

„Hör zu mein Kind. Es gibt nur einen da oben. Die Almanlar nennen ihn anders und haben einen anderen Weg zu ihm, aber es gibt nur einen. Hast du mich verstanden?"

Ich nickte ängstlich, und Babaanne drückte mir einen Kuss auf die Stirn.

Nur wer Tinte leckt, wird seinem Volk dienen

Am nächsten Morgen wurden wir ganz früh vom Briefträger geweckt. Meine Anne hatte uns wieder einen Brief geschrieben. Ablam riss den Brief gleich auf. Meine arme Anne war ganz lange krank gewesen und konnte nicht mal arbeiten gehen. Sie vermisste uns sehr und sie wollte auch bald kommen, aber sie wusste nicht, wann das sein würde.

„Yavrularim, ich komme bestimmt bald“, war ihr letzter Satz.

Annem hatte uns diesmal ein Foto geschickt, auf dem sie gerade ein Kleid für Ablam oder mich nähte. Annem hatte noch hellere Haut als sonst und ihre Augen waren traurig.

„Mine, riech mal, hmm, es riecht nach Annem“, sagte ich, und dann durfte sie auch mal riechen. „Es riecht gar nicht nach Anne“, sagte Mine und rannte in den Hof. Ich glaube, sie war sehr traurig und wütend.

Nach einer Weile saßen wir alle draußen. Auf dem offenen Feuer köchelten Hagebutten in unserem großen Topf. Hagebuttenmarmelade aß ich am liebsten. Wir hatten mit Babaanne zusammen zwei Säcke Hagebutten im Wald gesammelt. „Mädchen, ihr seid sehr fleißig gewesen“, lobte uns Babaanne, und zur Belohnung durften wir Kleider aus unserem Deutschlandkoffer anziehen.

„Babaanne, wie gefällt dir mein Kleid?“ Ablam tanzte mit ihrem kurzen Rock hin und her.

„Das ist viel zu kurz, Kızım, zieh dir sofort etwas drüber“, schrie Babaanne. Aber Mine hob ihren Rock noch etwas höher, um Babaanne zu ärgern. Plötzlich klopfte es am Tor.

„Kim O? Wer da?“, rief Babaanne.

„Nazim Öğretmen“, ertönte eine tiefe Stimme. Es war der

Dorflehrer Nazim. Ein großer Mann mit kurzen, dunklen Haaren kam durch unser Tor und küsste Babaannes Hand. Ablam und ich begrüßten Nazim Öğretmen und küssten auch seine Hand. Dann setzten wir uns neben Babaanne und waren sehr neugierig auf unseren Gast. Der Mann sah nett und klug aus. Er trug einen grauen Anzug und hatte eine schwarze Tasche unter dem Arm.

„Teyzem, deine Enkeltochter solltest du in die Schule schicken, sie ist schon ein großes Mädchen. Du willst doch nicht, dass sie später unwissend und hilflos wird, oder?"

Babaanne rührte die Kizilcikmarmelade weiter und ihre Augenbrauen zogen sich zu einem einzigen breiten Strich zusammen.

„Ich bin auch unwissend! Aber sieh her, ich bin auch nicht daran gestorben, Allah sei Dank!", antwortete Babaanne und klopfte mit ihrem großen Kochlöffel auf den Topf.

„Die Entscheidung liegt bei dir, Teyze, überlege es dir gut. Die Verantwortung für diese Kinder liegt in deiner Hand. Nur wer Tinte leckt, wird seinem Volk dienen", sagte der Lehrer. Er half Babaanne den Marmeladentopf beiseitezustellen. Babaanne kochte ihm einen Mokka. Nazim Öğretmen erzählte Babaanne, dass unwissende Menschen immer Unheil anrichten würden, und dass Atatürk nur Menschen geliebt habe, die wissend waren.

Nachdem Nazim Öğretmen seinen Mokka getrunken hatte, küsste er noch einmal die Hand von Babaanne und sagte zu Mine, dass er in der Schule auf sie warten würde. Dann ging er fort. Babaanne hatte sich gar nicht über den Besuch gefreut. Sie rührte die Marmelade weiter, und ihre Augenbrauen blieben ganz lange ein Strich.

Bis zum Abendessen sprach Babaanne kein Wort mit uns.

„Babaanne, jetzt sind wir seit elf Monaten hier, und Baba wollte, dass du mich gleich in die Schule schickst. Wir sind doch Kinder von Atatürk, und deswegen müssen wir Tinte lecken", sagte Mine leise.

Babaanne gab keine Antwort. Mine zog nur die Schultern hoch und ging schlafen.

Babaanne war tagelang sehr nachdenklich, und dann sagte sie: „Hadi, Kizlar, wir gehen heute einkaufen! Mine braucht eine Schuluniform, Papier und Tinte. Ihr sollt nicht unwissend bleiben."

Ablam bekam eine schwarze Uniform mit einem weißen Kragen und weißen Strümpfen. Mir kaufte Babaanne gezuckerte Leblebi und einen Bleistift. Ich war ja noch zu klein für die Schule. Ablam durfte ihre Uniform gleich tragen, und sie war ganz stolz darauf! Sie bedankte sich bei Babaanne und fiel ihr um den Hals.

„Kiz dur, Mädchen warte, du erwürgst mich ja noch", sagte sie und gab Mine einen Kuss auf die Stirn.

Am nächsten Morgen standen wir alle ganz früh auf, um Ablam in die Schule zu bringen. Sie war sehr aufgeregt und summte die Nationalhymne.

„Maşallah, Maşallah", sagte Babaanne immer wieder und stolzierte mit uns in die Schule.

Der Schulhof war voller Kinder und alle sahen in ihren Uniformen gleich aus. Babaanne nahm uns an der Hand, und wir gingen gleich zu Nazim Öğretmen.

„Jetzt hast du die Verantwortung für meine Enkeltochter, behüte sie wie dein rechtes Auge", sagte Babaanne.

Der Lehrer nickte nur mit dem Kopf und küsste wieder die Hand von Babaanne. Ablam ging zu den anderen Kindern, und alle sangen die Nationalhymne. Babaanne wischte sich die Tränen aus den Augen, und wir gingen ohne meine Abla nach Hause.

Wir wohnten ganz in der Nähe der Schule, und Ablam durfte allein nach Hause laufen. Babaanne schickte trotzdem Yalcin in die Schule. Er sollte auf Mine warten, damit sie nicht alleine nach Hause gehen musste.

„Allahım, ich habe auch keinen Verstand mehr! Eine Ameise würde Mine mehr Schutz geben als Yalcin!", sagte sie und fing an zu lachen. Ich musste daheim auf Ablam warten und durfte Yalcin nicht begleiten.

Mine kam ganz lustig aus der Schule zurück und hatte viel zu erzählen. Sie stellte sich hin wie ein Soldat und begann die Nationalhymne zu singen: „Kkorkma sönmez bu safaklarda yüzen alsancak, sönmeden yurdumun üstünde ..." Babaanne fing an zu weinen, da weinte ich auch.

„Kızım, hast du das alles heute gelernt?"

„Ja, Babaanne", antwortete Mine.

„Ich bin so stolz auf dich, mein Kind, wir hätten dich viel früher in die Schule schicken müssen. Du wirst bestimmt mal eine bedeutende Frau für unser Land", sagte Babaanne und streckte Mine ihre Hand zum Küssen entgegen.

Puh, Mine und bedeutende Frau? Da lachten ja die Hühner im Stall! Also, so viel hatte sie auch nicht gelernt, schließlich war sie den ganzen Tag in der Schule gewesen.

Yalcin klopfte an das Tor und zog immer wieder die Schultern hoch, er war ganz außer sich.

Babaanne klopfte Yalcin auf die Schulter und fragte: „Hast du Mine nicht gefunden? Zavalli Deli, du armer Dummkopf. Wer hat sie wohl geklaut?"

Yalcin wurde noch unruhiger, dann ließ Babaanne ihn endlich in den Hof. Als er Mine sah, fing er wieder vor

Freude an zu hüpfen. Ich ging gleich ins Haus, da sich niemand für mich interessierte.

Mine saß im Wohnzimmer, machte ihre Hausaufgaben, und immer wenn Babaanne „Kızım, sing es noch einmal" sagte, schmetterte Mine wieder die Nationalhymne. Ich konnte es nicht mehr hören! „Maşallah, wundervoll, Kızım", sagte Babaanne ganz stolz.

Mine ging sehr gerne in die Schule, und sie machte jeden Tag ihre Hausaufgaben. Eigentlich war ich ja inzwischen schon siebeneinhalb Jahre, und trotzdem durfte ich von Babaanne aus nicht in die Schule. Sie meinte, ich sei noch zu klein. Der Lehrer Nazim war zwar sehr streng, aber Ablam sagte immer, dass er viel besser wäre als ihre deutsche Lehrerin. Sie konnte auch schon alle türkischen Buchstaben schreiben. Nach drei Wochen kam der Lehrer jedoch plötzlich nicht mehr. Nazim Öğretmen wurde während des Unterrichts von den Polizisten einfach mitgenommen. Er hätte den Kindern Geschichten erzählt, die gegen Atatürk gerichtet waren, und verbotene Bücher über Gleichberechtigung und Kommunismus gelesen, hieß es. Mine war sehr traurig darüber, weil sie Nazim Öğretmen so gern gehabt hatte. Manche Erwachsene behaupteten sogar, dass Nazim ein Verräter sei.

Also, Babaanne wusste zwar nicht, was ein Kommunist war, aber sie war überzeugt, dass Nazim Öğretmen nichts Schlechtes getan haben konnte.

Ablam und die anderen Kinder in der Schule mussten wochenlang auf einen neuen Lehrer warten. „Wer will schon nach Alaca versetzt werden?", sagte Babaanne.

Nach zwei Monaten kam endlich ein neuer Lehrer nach Alaca. Sein Name war Ömer Öğretmen. Die Leute in Alaca hatten ihm gleich einen Spitznamen gegeben „Kütük Ömer".

Ömer Öğretmen war klein, dick, hatte keinen Hals und ganz kurze Arme. Deshalb nannten sie ihn „Baumstumpf-Ömer".

Als Babaanne den neuen Lehrer das erste Mal sah, sagte sie gleich: „Inşallah begegnet der uns nicht nachts, da bekommt man ja Angst."

Ömer Öğretmen kam aus Konya, und da haben die Menschen auch ganz wenig Farben auf dem Kopf und sind stark behaart. Ömer Öğretmen war sehr gläubig. Manchmal sah man ihn auf dem Schulhof auf seinem Gebetsteppich beten, und trotzdem waren die Menschen in Alaca sehr skeptisch.

Nach ein paar Tagen wollte Mine nicht mehr in die Schule gehen, weil sie „Kütük Ömer" nicht leiden konnte. Er hatte Ablam nichts Böses getan, aber er zog die Jungen an den Ohren und manchen hatte er sogar mit seinem Stock auf die Handinnenflächen geschlagen.

„Das hätte Nazim Öğretmen nie getan", sagte Ablam.

„Wenn er dir auch nur ein Haar krümmt, schicke ich ihn nach Konya, mach dir keine Sorgen", versprach Babaannem.

Als „Kütük Ömer" erfuhr, dass Ablam Alamanci war, wurde sie plötzlich zu seinem Schützling.

„Schreibe deinem Vater, er soll mich auch nach Alamanya mitnehmen", sagte er immer zu Ablam, und Mine nickte, ohne ihm zu antworten. Babaanne gefiel das gar nicht.

„Eşoleşek, was will der in Alamanya?", fragte sie, aber dann war sie froh, dass Ablam wieder gerne in die Schule ging.

Kısmet ist, wenn Menschen nicht selbst entscheiden

Wir hatten schon zweimal Bayram gefeiert. Einmal das Opferfest und das Fastenfest, Ramadan. Annem hatte uns einige Briefe geschickt, und in allen stand, dass sie bald kommen würde. Aber wir wussten, dass „bald" noch lange dauern konnte. Ablam hatte Annem auch Briefe geschrieben und ihr ein Foto von uns geschickt. Da hatte sie sich sehr gefreut, schrieb sie, und sie hatte sogar weinen müssen, aber nicht, weil sie traurig war, sondern vor Glück.

Ablam und ich hatten an unseren Geburtstagen den ganzen Tag am Fenster auf Annem gewartet. Aber auch da war sie nicht gekommen.

Wir durften nun ganz oft Kleider aus dem Deutschlandkoffer anziehen, und wir durften mit den Dorfkindern spielen. Ich spielte aber immer noch am liebsten mit meinem Freund Yalcin.

Babaanne versteckte ihr Lachen nur noch selten, und manchmal erlaubte sie mir sogar, bei ihr im Bett zu schlafen. Eigentlich war Babaanne ganz lieb. Nur ein Mal hatte sie Ablam und mich geschlagen. Aber das war meine Schuld.

An Ramadan lief jede Nacht der Trommler durch die Straßen und weckte die Menschen auf, damit sie vor Sonnenaufgang noch essen konnten. Ablam und ich mussten zwar nicht fasten, aber durch das laute Trommeln wachten wir jede Nacht auf. Dann kochte Babaanne Nudeln oder backte Börek, und wir durften mitessen.

Mir gefiel die Trommelmusik sehr. Es war die gleiche Musik wie auf der Hochzeit von Mahmut Ağas Sohn. Ich ging auf die Straße, stellte mich vor den Trommler und fing an, mit den Hüften zu wackeln. Der Trommler schüttelte den Kopf, fand es aber ganz lustig. Als Babaanne das sah, bekam sie fast keine Luft mehr. Sie schnappte mich am Arm und zerrte mich in den Hof. Dann schüttelte sie mich durch und schrie mich ganz laut an. Das sei Günah und außerdem sei es eine Schande, zur Fastentrommel zu tanzen.

„Lass meine Schwester los!", kreischte Ablam, als sie sah, wie Babaanne mit mir schimpfte. Sie nahm Anlauf und schubste Babaanne auf den Boden. Wir standen beide wie versteinert da und starrten Babaanne an. Zuerst bekam Ablam eine Ohrfeige und dann ich. Babaanne stürzte ins Haus, und wir versteckten uns in der Scheune. Später versuchte Babaanne, uns ins Haus zu bringen, aber wir blieben für den Rest der Nacht in der Scheune.

Am nächsten Morgen erklärte Babaanne, dass sie uns nur vor der Strafe Allahs hatte behüten wollen, und dass es ihre Aufgabe sei, uns vor Untaten zu bewahren. Ich entschuldigte mich gleich bei ihr, aber Ablam versöhnte sich erst nach ein paar Tagen mit Babaanne. Eigentlich war ich ja an allem schuld, und Ablam wollte mich nur verteidigen. Sie hatte Annem versprochen, mich immer zu beschützen.

Nachdem wir uns alle versöhnt hatten, schlachtete Babaanne sogar ein Huhn, obwohl es noch Eier legte. Es gab Pilav aus weißem Reis, und jeder von uns bekam eine Handvoll Leblebi. Es war ein richtiges Hochzeitsessen. Danach röstete Babaanne Maronen auf dem Ofen und erzählte uns Geschichten von Dede. Zum ersten Mal gab uns Babaanne einen Kuss auf die Wange und drückte uns ganz fest an sich. Bevor Babaanne uns die Decke über die Schultern zog und feststeckte, gab sie uns ein Stück braunen Kandiszucker in den Mund. „Damit ihr süße Träume habt", sagte sie und deckte uns zu.

„Lieber Allah, ich habe schon lange nicht mehr gebetet, weil ich immer gleich eingeschlafen bin. Sei mir bitte nicht böse. Danke, dass du Babaanne so lieb gemacht hast. Und ich wusste wirklich nicht, dass Tanzen an Ramadan Günah ist. Tövbe, Allahım, Tövbe. Bitte bring meine Anne zu uns. Gute Nacht, Allahım."

Wenn ich mit Allah sprach, bekam ich immer Angst, denn ich fühlte mich ständig schuldig. Auch wenn es an einem Tag war, wo ich nicht gesündigt hatte. Nach dem Beten versteckte ich mich daher unter meiner Decke und schlief meistens ein, bevor sich mein Kandiszucker aufgelöst hatte.

Plötzlich hörte ich eine Stimme. „Yavrum, benim, wach auf, deine Anne ist da."

Ich öffnete meine Augen und sah meine Anne. Zuerst dachte ich, dass es ein Traum sei, und rieb mir fest die Augen. Aber diesmal war es kein Traum, es war meine Anne. Sie saß neben mir und streichelte mir über den Rücken. Dann beugte sie sich zu mir vor, aber bevor sie mich küssen konnte, sprang ich auf und rannte zu meiner Babaanne, die an der Tür stand und die Petroleumlampe in der Hand hielt.

Ich versteckte mich zwischen den Falten ihres Şalvars und fing an zu weinen.

„Nilgün, hast du deine Anne vergessen? Gel, komm, Yavrum. Ich habe euch so vermisst!", sagte Annem und dann musste sie auch weinen. „Gel, Yavrum, komm zu deiner Anne!" Sie wurde immer lauter.

„Sie hat mich vergessen, mein eigenes Kind kennt mich nicht mehr", rief sie und verbarg ihr Gesicht in den Händen.

Mine zerrte an meinem Schlafanzug: „Kannst du dich nicht mehr an unsere Anne erinnern?"

Ich hatte meine Anne nicht vergessen, aber meine Beine waren schuld, die wollten nicht, und mein Herz klopfte ganz schnell und ganz laut. Ich wusste auch nicht, warum ich plötzlich solche Angst vor Anne hatte. Ich hatte mich doch so auf sie gefreut, ich hatte sie doch so sehr vermisst. Endlich war „bald“ gekommen, aber nun war alles ganz schlimm.

Mine saß neben Anne und gab ihr immer wieder einen Kuss auf die Wange.

Ich sah meine Babaanne an und verkroch mich noch mehr in ihren Şalvar. Babaanne streichelte mir über den Rücken und steckte mir ein Stück Kandiszucker in den Mund. Obwohl meine Anne genauso schön war wie früher, hatte ich Angst, zu ihr zu gehen.

Dann sagte Anne, dass sie mir schöne Sachen mitgebracht hätte, und holte eine Puppe mit echten blonden Haaren und blauen Augen aus ihrem Koffer. Die Puppe war wunderschön und trug ein rot kariertes Kleid. Sie holte noch eine Puppe hervor und gab sie Mine.

„Gel, Yavrum, ich habe dich so sehr vermisst“, sagte Anne, streckte die Arme nach mir aus und wischte sich immer wieder die Tränen aus dem Gesicht. Babaanne löste meine Hand von ihrem Şalvar.

„Psst Kızım, hadi, geh zu deiner Anne“, sagte sie und steckte mir noch einen Kandiszucker in den Mund.

„Los, geh zu deiner Anne und sag ihr Süßes.“

Babaanne zerrte mich zu Anne. Mein Herz klopfte ganz schnell und ich setzte mich vorsichtig neben Anne und hielt die Puppe fest. Anne unterhielt sich mit Ablam, und immer wieder küsste sie mich auf die Wange.

„Kızım, wo sind deine Locken? Warum hast du so klebrige Haare?“, fragte Annem.

„Babaanne mag keine Locken, sie kämmt ihr Haar immer mit Spucke glatt“, flüsterte Mine ganz leise, damit es Babaanne nicht hören konnte.

Babaanne stellte ein Tablett mit Essen auf den Boden.

„Guten Appetit. Du hast eine lange Reise hinter dir und sicher einen leeren Magen“, sagte Babaanne.

„Danke Anne, ich danke dir für alles, was du für meine Kinder getan hast.“

„Es sind auch die Kinder meines Sohnes“, antwortete Babaanne, und ihre Augenbrauen zogen sich wieder zu einem Strich zusammen. Babaanne war sehr traurig, weil mein Baba nicht mitgekommen war.

„Ich habe die Briefe, die du geschickt hast, gelesen“, sagte Babaanne.

„Babaanne, du kannst doch gar nicht lesen, ich habe sie dir vorgelesen“, unterbrach Mine.

„Eşoleşek, unterbrich mich nicht“, erwiderte Babaanne und sprach weiter mit Anne.

„Du hast geschrieben, dass du bald kommen würdest, aber so schnell habe ich nicht mit dir gerechnet.“

„Anne, ich habe meine Kinder fast zwei Jahre nicht gesehen.“

Annem liefen die Tränen über das Gesicht, aber jetzt versteckte sie sie nicht mehr.

„Es waren siebzehn Monate und vier Tage“, korrigierte Babaanne und verschwand wieder in der Küche.

Anne erzählte uns alles, was während dieser langen Zeit passiert war, bis die Sonne aufging.

Nachdem Ali Amca mit uns nach Ankara abgeflogen war, hatte Anne erst Tag und Nacht geweint, so sehr hatte sie uns vermisst. Dann fand Anne noch eine Arbeit. Sie machte einem alten Mann den Haushalt, der sie dafür gut bezahlte.

„Lass nichts auf deine Ehre kommen, hörst du?“, sagte Babaanne.

„Anne, der Mann ist fast achtzig Jahre alt", entgegnete Annem und schüttelte den Kopf.

„Ein Mann ist nie zu alt für solche Sachen", antwortete Babaanne.

Auf jeden Fall hatte Annem ganz viel Geld gespart, und bevor sie nach Alaca kam, war sie nach Istanbul geflogen und hatte dort einen Bauplatz direkt am Meer gekauft.

Mine klatschte in die Hände und küsste Anne überall im Gesicht.

„Yaşasın, yaşasın, endlich haben wir ein Haus!", schrie Mine begeistert.

„Hayır, Kızım, noch haben wir kein Haus, aber bald werden wir eines haben", verbesserte sie Annem.

Babaanne schien darüber nicht glücklich zu sein. Ihre Augenbrauen waren immer noch ein ganz dicker Strich quer über ihrer Stirn.

Annem war alleine gekommen, und den Bauplatz hatte sie auch ohne Baba gekauft. Mein Onkel Ismail, der jüngste Bruder von Annem, hatte ihr dabei geholfen. Baba hatte keinen Urlaub genehmigt bekommen, weil er eine neue Arbeitsstelle hatte.

„Ihr müsst nie wieder alleine bleiben, Hasan und ich arbeiten jetzt Schicht", sagte Anne und drückte uns ganz fest an sich.

„Muss ich nicht mehr zu deinen Freundinnen gehen?", fragte ich skeptisch.

„Hayır, Kızım, außerdem wirst du auch bald in die Schule kommen."

„In Istanbul, nicht wahr, Anne?", fragte Mine.

„Nein, in Deutschland", antwortete Annem.

Mine zog die Mundwinkel nach unten.

„Noch mal nach Deutschland? Ich dachte, wir bleiben in Istanbul, jetzt haben wir doch einen Bauplatz, Anne."

Wir hatten zwar einen Bauplatz, aber noch kein Geld, um ein Haus dort zu bauen. Unsere Eltern mussten in Deutschland noch viel Geld verdienen. Baba ging nur noch an den Wochenenden ins Café und trank auch viel weniger Raki.

„Er kommt so müde nach Hause, dass er auf dem Sofa einschläft", erzählte Anne.

Sie war oft krank gewesen, weil sie Sehnsucht nach uns hatte. Sie konnte nachts nicht mehr schlafen, hatte kaum noch Appetit und war immer müde, weil sie so viel arbeiten musste. Eines Tages, als Annem weinend das Büro ihres Chefs putzte, dem die Firma gehörte, hatte dieser reiche Mann plötzlich hinter meiner Anne gestanden und ihr auf die Schulter geklopft. Er hatte wissen wollen, warum Anne so traurig war. Dann hatte er sogar einen Dolmetscher kommen lassen, um sie zu verstehen. Anne hatte von uns erzählt, dass sie mich immer zu Hause allein lassen musste und was im Kindergarten passiert war, und dass sie uns seit fast zwei Jahren nicht gesehen hatte. Herr Boehringer fragte meine Anne, was er für sie tun könnte. Annem erzählte ihm weiter, dass mein Baba verzweifelt auf der Suche nach einer Arbeit war, wo er nachts arbeiten konnte, damit wir nicht alleine zu Hause bleiben mussten.

Der Mann hatte Annem versprochen, ihr so bald wie möglich zu helfen. Ein paar Tage später durfte Baba gleich mit der Nachtschicht anfangen.

„Hasan wollte natürlich seine Arbeit als Fahrer nicht aufgeben, aber ihm blieb nichts anderes übrig", sagte Annem.

Herr Boehringer hatte meiner Anne einen Briefumschlag in die Hand gedrückt und ihr alles Gute gewünscht.

„Das war das Geld für mein Flugticket und ein Monatsgehalt“, sagte Annem weinend. „Von keinem Moslem habe ich jemals so viel Gutes erfahren. Dieser Mann ist ein Engel!“

Babaanne schien sich gar nicht zu freuen.

„Was sagt mein Sohn dazu? Kein Mann macht das ohne Hintergedanken!“, sagte sie zu Anne.

Anne lachte nur und schüttelte den Kopf.

„Yavrum, wir fahren noch heute nach Ankara und fliegen von dort wieder nach Deutschland. Ich habe nur drei Tage Urlaub genommen.“

Kaum hatte Anne den Satz beendet, rannte Mine ins Schlafzimmer und fing an, unsere Koffer zu packen. Babaanne sagte kein Wort mehr. Ich wusste nicht, ob sie wegen des Chefs, der meiner Anne Geld gab, böse war oder ob sie böse war, weil mein Baba nicht gekommen war.

„Lass die Kinder hier, dann könnt ihr schneller für immer Alamanya verlassen“, sagte Babaanne.

„Hayır, nein!“, schrie Mine. „Ich will zu meiner Anne. Du nimmst uns doch mit, oder?“

Mine hängte sich an Annes Hals.

„Evet, Kızım, wir werden uns nie wieder trennen!“, antwortete Annem.

„Dann zieht eure Kinder selber groß. Ihr habt mich ja auch nicht gefragt, als ihr sie gezeugt habt!“, sagte Babaanne und verließ das Zimmer.

„Alles wird besser, Kinder, ich verspreche es euch!“, sagte Annem immer wieder.

„Nilgün, du sagst ja gar nichts, Yavrum. Freust du dich nicht?“

Eigentlich wusste ich nicht so wirklich, ob das jetzt alles gut oder nicht so gut war. Ich wusste auch nicht, ob Babaanne traurig oder böse war. Aber wenn Anne sagte, dass alles besser würde, dann war vielleicht doch alles gut?

Nachdem unsere Koffer gepackt waren, durften wir die neuen Kleider aus Deutschland anziehen, die uns Anne mitgebracht hatte. Anne kämmte mir die Haare, aber sie konnte mir keinen so schönen Strich wie Babaanne machen.

Auf dem Weg zur Busstation hielt ich Babaannes Hand ganz fest, während Ablam mit Anne vor uns herlief. Mine redete ununterbrochen mit Anne. Babaanne und ich sagten nichts.

„Anne, ich danke dir noch mal für alles, was du für meine Kinder getan hast!"

„Ich habe nichts getan. Ich bin froh, dass ich endlich wieder meine Ruhe habe", antwortete Babaanne.

„Du weißt doch, alles ist Kısmet", sagte Annem. Aber Babaannes Laune wurde noch schlechter.

„Kısmet! Schicksal ist für Menschen, die keine eigenen Entscheidungen treffen können", sagte sie und löste meine Hand von ihrem Şalvar.

„Babaanne, bist du denn gar nicht traurig, dass wir gehen?", fragte ich.

Sie sah mich schweigend an. Ihre Augenbrauen wurden wieder zu einem Strich, sie presste ihre Lippen zusammen und gab mir keine Antwort.

Wir küssten die Hand von Babaanne, dann beugte sie sich herunter und gab uns einen Kuss auf die Stirn. Ihre Augen waren nass, aber die Tränen blieben wie immer in den tiefen Falten hängen.

„Babaanne, ağlama, weine nicht, ich komme dich bald wieder besuchen", flüsterte ich.

„Bald kann sehr lange dauern, Yavrum", sagte Babaanne und steckte mir einen Kandiszucker in den Mund.

Plötzlich fand ich doch nicht alles so gut, was da passierte. Ablam und Annem waren sehr glücklich, aber Babaanne freute sich überhaupt nicht, und ich wusste gar nichts mehr.

Als der Bus losfuhr, stand Babaanne regungslos an der Haltestelle. Ich winkte ihr zu, bis ich sie nicht mehr sah.

Ich durfte am Fenster sitzen, und Anne war zwischen Ablam und mir. Es waren kaum Menschen auf der Straße, weil es noch so früh war. Wir fuhren an den bunten Häusern von Alaca vorbei, und mein Herz klopfte wieder ganz laut und ganz schnell.

„Yalcin! Ich habe Yalcin vergessen, Annem wir müssen zurück, ne olur Annem, bitte, bitte, wir müssen zurück, ich habe meinen Freund vergessen!" Ich fing an zu weinen.

„Kızım, beruhige dich. Wir können jetzt nicht mehr zurück", sagte Annem.

„Ich will nicht ohne Yalcin gehen, Annem, ne olur, bitte. Ich habe ihm versprochen, dass er mit uns nach Deutschland darf. Bitte, Annem."

„Psst, Kızım, alle schauen schon zu uns her. Sei jetzt ruhig. Wir können doch nicht wegen einem Verrückten unseren Flug verpassen."

„Yalcin ist nicht verrückt, er ist mein bester Freund", flüsterte ich und drückte meine Puppe an mich.

Anne wollte Yalcin nicht mitnehmen, und ich durfte mich nicht mal von ihm verabschieden. Mein armer Freund würde kommen und mich nicht finden. Er würde sich bestimmt vor die Tür setzen und jahrelang auf mich warten. Ich hoffte inständig, dass Babaanne ihn sähe und ihm sagen würde, dass ich bald wiederkäme.

„Allahım, bitte sag Yalcin, dass ich ihn lieb habe und dass ich ihn, wenn ich groß bin, heiraten werde."

Eine Brücke zwischen Deutschland und Babaanne

Deutschland roch nach Brezeln, gegrillter Wurst und Parfum, die Türkei nach Zimt, Knoblauch und Fladenbrot. Und ich hätte am liebsten alles gehabt!

Eine Brücke zwischen Deutschland und meiner Babaanne wäre so schön gewesen. Aber dafür war Deutschland viel zu weit weg.

Babam stand mit Ali Amca im Flughafen. Als Mine ihn sah, rannte sie gleich zu ihm und fiel ihm um den Hals. Ich versteckte mich hinter meiner Anne.

„Gel, Kızım, komm, hast du deinen Baba vergessen?"

Er streckte seine Arme aus, aber meine Beine wollten nicht. Ich blieb stehen und sah ihn an. Eigentlich wusste ich immer noch nicht, ob das alles jetzt gut war oder nicht. Vielleicht würde ich ja aufwachen und alles war nur ein Traum gewesen? Vielleicht würde mein Freund Yalcin gleich an unserem Fenster klopfen und dann würden wir Amseln für das Mittagessen fangen.

„Hadi, Kızım, geh zu deinem Baba. Los, geh schon", sagte Anne und schubste mich in die Arme von Baba. Er drückte mich so fest an sich, dass ich fast keine Luft bekam.

„Allahım, mein eigenes Kind kennt mich nicht mehr", sagte Baba und drückte mir seine Nase in den Nacken. „Oh, ihr riecht nach Heimat", sagte er und sah mich immer wieder an.

Baba hatte ein anderes Auto gekauft, das er nach dem Urlaub auch nicht gleich wieder verkaufen musste. Es war ein wunderschöner roter Ford Granada und er sah fast so aus, wie das Brautauto bei Mahmut Ağas Hochzeit. Am Rückspiegel hing ein großer Maşallah-Anhänger als Schutz vor dem bösen Blick. Auf der Ablage saß eine Barbiepuppe in einem gehäkelten roten Kleidchen, und neben der Puppe war ein brauner Hund, der ständig mit dem Kopf wackelte.

„Anne, wo ist Tekir?", wollte ich wissen.

„Oh, meine Tochter hat ihre Zunge doch nicht in Alaca vergessen", scherzte Babam.

„Wo soll Tekir schon sein, Yavrum? Er wartet auf euch."

Auf meinen Kater freute ich mich am meisten.

Ali Amca unterhielt sich mit Mine, und wenn er mich etwas fragte, gab ich ihm keine Antwort.

„Ali Amca, Nilgün ist böse auf dich, weil du uns nach Alaca gebracht hast", sagte Mine.

Ali Amca gab keine Antwort. Er sah aus dem Fenster und stieß einen langen Seufzer aus.

Ali Amca sah mir in die Augen, und seine Mundwinkel fielen dabei fast auf den Boden herab. Er hatte feuchte Augen, dann drehte er seinen Kopf wieder weg.

Anne erzählte uns, wie traurig Ali Amca gewesen war, als er wieder in Deutschland ankam, nachdem er uns bei Babaanne abgeliefert hatte. Er hatte unseren Eltern sogar geraten, uns sofort wieder zurückzuholen. Aber Anne und Baba hatten das Geld für unsere Flugtickets nicht.

Vielleicht war Ali Amca doch nicht so böse, wie ich gedacht hatte, und vielleicht hatte ihm das wirklich sehr leid getan.

Baba parkte an der Straße vor unserem Haus.

Bei Helene war kein Licht zu sehen, es war ja auch mitten in der Nacht.

„Anne, ist Helene noch da?"

„Aber ja, Kızım, wo soll sie denn sonst sein?"

Ich ging gleich ins Wohnzimmer und mein Kater mit den weißen Schühchen lag faul auf dem Sofa und streckte sich.

„Tekir, hast du mich vermisst oder hast du mich vergessen?“

Tekir sah genauso schön aus und roch auch genauso wie früher.

„Hast du mich vergessen?“

Tekir drehte sich um und schlief einfach weiter.

„Allahım, mein Kater kennt mich nicht mehr!“, sagte ich traurig, und alle lachten.

Unsere Wohnung hatte sich verändert. Es gab ein neues Sofa und einen Esstisch mit vier Stühlen. Anne und Baba hatten sich auch ein großes Bett gekauft, und für Ablam und mich stand ein Stockbett im Schlafzimmer.

„Anne, unsere Wohnung ist ja noch schöner als früher“, sagte Mine.

„Das stimmt, aber bald gehen wir für immer zurück in die Heimat“, sagte Annem.

„Dann brauche ich ja gar nicht mehr hier in die Schule gehen“, strahlte Mine.

Aber das war natürlich nicht möglich. Wenn in Deutschland die Kinder nicht in die Schule gehen, kommt gleich die Polizei und die Eltern müssen eine Strafe zahlen.

Ja, wir waren wieder in Deutschland und ich war wieder bei meiner Anne, bei Tekir und all den schönen Sachen.

„Habt ihr Hunger, Çocuklar? Ali und ich haben für euch gekocht. Es gibt Bohneneintopf mit Pilav“, sagte Baba ganz stolz.

„Baba, haben wir Brezeln da? Ich will Brezeln essen“, sagte Mine.

„Au ja! Ich auch, Baba!“, rief ich.

Aber der Bäcker hatte nachts nicht geöffnet wie in Alaca. Da war unsere Backstube bis Mitternacht auf und an Ramadan sogar die ganze Nacht.

Aber die Bohnen und der Reis von Baba und Ali Amca waren auch sehr lecker.

Draußen war es schon fast hell, als wir ins Bett gingen. Ablam und ich durften unsere neuen Stockbetten ausprobieren. Das war das erste Mal, dass wir in einem richtigen Bett schliefen. Ich wollte oben liegen, weil ich unter meiner Abla Angst hatte. Die war doch so dick, womöglich wäre sie nachts auf mich gestürzt.

Als wir wieder aufwachten, standen die Brezeln bereits auf dem Tisch.

Es waren die besten Brezeln, die wir je gegessen hatten. In Alaca gab es keine Brezeln. Babaanne backte immer Maisbrot, oder es gab Dürüm. Deutsche Brezeln hatten wir sehr vermisst.

Beim Frühstück erzählten Ablam und ich alles, was wir erlebt hatten.

„Babaanne hat beim Abschied sogar geweint, obwohl sie nicht immer nett zu uns war", erzählte Mine. Da bekam auch Baba ganz feuchte Augen.

„Anne, sind Paula und Giuseppe noch da?"

„Evet, Kızım, alle sind noch da und freuen sich auf meine zwei hübschen Töchter!"

Gleich nach dem Frühstück malte ich ein Bild für meinen Yalcin und ein Bild für meine Babaanne. Yalcin hatte sicher in seinem ganzen Leben noch nie einen Brief bekommen. Er konnte ja auch nicht lesen. Umso mehr würde er sich über ein Bild freuen. Ich malte das Haus von Babaanne, Yalcin und mich und den roten Ball mit den weißen Punkten. Anne hatte mir versprochen, dass ich Yalcin bei unserem nächsten Besuch in Alaca den Ball schenken durfte. Babaanne malte ich ein Bild mit einer Sonne, einem Haus und einem Stück Kandiszucker. Ich malte auch noch Brezeln und ein Stockbett, und dann machte ich eine Brücke zwischen den Sachen in Alaca und denen in Deutschland.

Wie schön wäre es gewesen, wenn es wirklich eine Brücke zwischen Alaca und Deutschland gegeben hätte!

„Allahım, ich weiß, du kannst alles machen, aber kannst du auch so eine Brücke bauen? Wenn du das für mich machen würdest, würde ich Tag und Nacht beten. Das verspreche ich dir!"

Anne nahm uns gleich am nächsten Tag mit zur Arbeit. Sie wollte uns unbedingt ihrem Chef vorstellen, der ihr das Geld für uns gegeben hatte und Baba eine Arbeit in der Nachtschicht besorgt hatte.

Wir zogen unsere schönsten Kleider an, und Anne war ganz stolz auf uns. Sie klopfte an die Tür seines Büros und wir durften eintreten.

Der Mann sah lustig aus. Er hatte einen dickeren Bauch als mein Baba und ganz wenig Haare auf dem Kopf.

„Na? Euch beide hätte ich auch vermisst. Kein Wunder, dass eure Mutter so traurig war", sagte er freundlich und beugte sich zu uns herunter.

„Ich bin Werner Boehringer und wie heißt du?" „Mine, und das ist meine kleine Schwester Nilgün."

„Na, Mine kann ich mir noch merken, aber mit deinem Namen wird es schwierig", sagte er.

Wir bedankten uns für alles und schenkten Werner eine Schachtel Pralinen aus der Türkei.

Einige Tage später ging Mine wieder in ihre alte Klasse. Die Lehrerin nahm sie sogar in die Arme vor lauter Freude.

Annem verließ das Haus jetzt immer erst dann, wenn Baba von der Arbeit nach Hause kam.

Ich blieb mit Tekir zu Hause und musste leise sein, weil mein Baba die ganze Nacht arbeitete und tagsüber schlief. Aber bald durfte ich ja in die Schule gehen, wie meine Abla.

Tekir war alt geworden und lag den ganzen Tag faul auf dem Teppich. Es war sehr langweilig in Deutschland. Ich dachte oft an meinen Freund Yalcin, an meine Babaanne, an die Hochzeit von Mahmut Ağas Sohn und an die Spiele mit meinem Yalcin. Ich vermisste Alaca, obwohl ich auch froh war, wieder bei meiner Anne zu sein. Wir wollten sowieso bald für immer zurückgehen, und Alaca war ja nicht so weit von Istanbul entfernt wie von Deutschland. Dann würde ich meinen Freund und Babaanne ganz oft besuchen.

Giuseppe und Paola waren sehr aufgeregt, als sie uns das erste Mal wiedersahen. Sie freuten sich so sehr, dass sie Ablam und mir sogar Geschenke machten. Meine Freundin Helene war leider bei unserer Ankunft nicht da. Sie war mit ihren Eltern nach Italien gefahren und kam erst nach ein paar Tagen zurück.

Sogar der deutsche Metzger hatte mich vermisst und gab mir eine ganz dicke, fette Scheibe Schweinewurst!

Die Freunde von Anne und Baba kamen, um uns zu begrüßen, und alle brachten irgendwelche Geschenke mit. Es war fast so schön wie an Bayram.

Nachdem wir uns schon wieder ein bisschen eingelebt hatten, kam Helene aus den Ferien zurück, und ich rannte hinunter, um sie zu begrüßen. Wir standen uns gegenüber und lachten. Helene nahm meine Hand und drückte sie ganz fest. Ihre Mama begrüßte mich auch, aber Herr Schäufele schüttelte nur den Kopf und räumte die Koffer aus seinem Auto.

Manchmal saß ich am Fenster und hatte Angst, dass meine Anne nicht mehr von der Arbeit zurückkommen würde, dass ihr vielleicht etwas passieren könnte.

Ich wachte auch oft nachts weinend auf, weil ich schlimme Träume hatte. Meine Anne brachte mich sogar mit Birsen Teyze zum Arzt. Tante Birsen konnte gut deutsch sprechen und übersetzte alles, was der Arzt sagte.

Ich hätte Verlustängste und müsste mich erst wieder an die neue Situation gewöhnen, erklärte er. Der Arzt war sehr nett und gab mir Traubenzucker. Aber Traubenzucker schmeckte wie süßes Mehl. Da war mir der braune Kandiszucker von Babaanne viel lieber.

Der lang ersehnte Schulbeginn

Ich war sieben Jahre und acht Monate alt. Eigentlich hätte ich schon längst in die Schule gehen müssen. Babaanne hatte mich nicht geschickt, weil ich noch so klein und dünn war.

Ich war froh, in Deutschland in die Schule zu kommen. In Alaca bekamen die Kinder keine Schultüten, die mit Süßigkeiten gefüllt waren.

In den Sommerferien konnten wir zum ersten Mal nicht in die Heimat fahren, weil Baba wegen seiner neuen Arbeit immer noch keinen Urlaub bekam. Ablam und ich waren von morgens bis abends draußen spielen. Manchmal durften wir sogar ins Freibad, aber nur wenn Giuseppe und Paola dabei waren. Helene durfte nie mitgehen. Ihre Mama hatte Angst, dass sie ertrinken könnte. Ablam und ich konnten schon lange schwimmen. Das hatten wir in unseren Sommern in Istanbul gelernt.

Anne ließ uns jeden Tag Geld da, damit wir uns ein Eis kaufen konnten. Mein Baba kam von der Arbeit, legte sich gleich auf das Sofa und wollte seine Ruhe haben. Mine und ich spielten manchmal absichtlich ganz laut. Dann gab Baba uns Geld und schickte uns noch ein Eis kaufen. Er hatte seine Ruhe und wir ein zweites Eis.

Annem nahm zwei Wochen Urlaub und war die ganze Zeit bei uns. Es war großartig! Morgens frische Brötchen, mittags warmes Essen, und nie war ich alleine. So hätte es immer sein können, mein Leben lang!

Einmal hatte Annem Dürüm gemacht und gerade, als ich anfangen wollte zu essen, musste ich ganz stark an meine Babaanne und an Yalcin denken. Ich hatte den beiden so oft Bilder gemalt und Baba hatte alle zur Post gebracht, aber sie hatten mir noch nie zurückgeschrieben. Yalcin hätte mir doch auch mal ein Bild malen können. Aber vielleicht hatte er kein Geld für die Post. Vielleicht hatte er auch kein Papier und keine Stifte oder er war böse auf mich. Ich hatte ihm schließlich versprochen, dass er mit nach Deutschland dürfe, und dann hatte ich mich nicht mal von ihm verabschiedet. Er war bestimmt böse auf mich, und ich wusste nicht, wie ich das wiedergutmachen konnte. Ich vermisste meinen Yalcin so sehr.

Kurz vor Schulbeginn ging Annem mit mir einkaufen, und ich bekam einen grünen Schulranzen mit einer Schildkröte darauf und ein rotes Mäppchen mit vielen bunten Stiften. Baba hatte mir, bevor wir in die Türkei gingen, einen Schulranzen gekauft, aber den hatte ich vor lauter Aufregung bei Babaanne vergessen. Meine Schultüte war rosa und bis oben hin gefüllt mit Süßigkeiten und ein paar Malstiften.

Ich wollte für den ersten Schultag auch neue Kleider haben. Anne kaufte mir eine weiße Hose, ein rotes T-Shirt und rote Sandalen.

Meine Freundin Helene kam schon in die dritte Klasse. Sie konnte bereits lesen und schreiben.

Ich war schrecklich aufgeregt und konnte die Nacht vorher kaum schlafen. Immer wieder sah ich mir meine neuen Kleider und meine große Schultüte an.

Plötzlich schrie Baba wieder meine Anne an. Ich hielt mir ganz fest die Ohren zu. Mine sprang aus dem Bett und versuchte dazwischenzugehen. Anne hatte in letzter Zeit öfter Überstunden gemacht und Baba glaubte nun, dass sie wegen ihrem reichen Chef länger in der Firma bleiben würde. Beide schrieen sich so laut an, dass ich es unter meiner Bettdecke hören konnte. Es krachte ganz laut, und ich drückte mir noch fester die Ohren zu. Als ich am nächsten Morgen in unserem Wohnzimmer stand, blieb mir vor Schreck fast die Luft weg. Unsere Stühle, der Esstisch, der kleine Schrank in der Ecke, die Gläser darin, alles war kaputt. Annem und Ablam waren auf dem Sofa eingeschlafen. Tekir saß auf einem Stuhl, der keine Lehne mehr hatte und Baba war gar nicht zu Hause.

Ich fing an zu weinen, und meine Anne wachte gleich auf.

„Ağlama, Yavrum, komm her zu mir, es ist alles in Ordnung. Hör auf zu weinen“, sagte Annem und drückte mich fest an sich.

„Ne oldu, Anne, was ist passiert? Hat dich Baba wieder geschlagen?“

„Nein, nichts ist passiert. Heute ist dein erster Schultag, Kızım. Da darfst du nicht traurig sein“, sagte Annem und wischte sich ein paar Tränen aus den Augen. Annem gab mir meine neuen Kleider und machte uns Frühstück.

„Abla, musst du nicht in die Schule gehen?“

„Hayır, ich darf zu Hause bleiben, weil ich die ganze Nacht nicht geschlafen habe“, sagte Ablam. Mine hatte einen blauen Fleck auf der Wange und ihre Augen waren geschwollen.

Anne kämmte mir weinend die Haare, gab mir meine schöne Schultüte und wir gingen los.

„Kommt Baba nicht mit in die Schule?"

Annem schüttelte nur den Kopf und sagte kein Wort.

Als ich den Schulhof sah, klopfte mein Herz wieder ganz laut und ganz schnell. Alle Kinder waren mit ihren Eltern gekommen, aber das war nicht so schlimm. Ich hatte ja meine Anne.

Unser Klassenzimmer war groß und an den Fenstern hingen dunkelgrüne Vorhänge. Ich saß mit meiner Anne ganz vorne.

Unsere Lehrerin, Frau Mayer, war sehr nett. Sie hatte hennagefärbte Haare, grüne Augen und war fast so groß wie mein Baba.

Sie begrüßte uns alle, und ich musste meiner Anne übersetzen, was Frau Mayer sagte. Meine Anne freute sich, dass ich noch so gut deutsch sprechen konnte. Die Lehrerin schickte die Eltern nach der Begrüßung nach Hause. Wir Kinder mussten sitzen bleiben.

Kaum waren die Eltern weg, fingen ein paar Kinder an zu weinen. Aber Frau Mayer tröstete sie und erlaubte uns allen, aus der Schultüte zu naschen. Sie gab jedem von uns einen kleinen goldenen Stern. Eigentlich bekamen nur die braven und fleißigen Kinder einen Stern, aber weil es der erste Schultag war, durften alle einen haben. Wer fünf Sterne hatte, durfte zehn Minuten auf dem Stuhl von Frau Mayer sitzen.

Die Lehrerin fragte mich gleich, ob ich Deutsch verstehen würde. Ich nickte eifrig, stand auf und stellte mich vor: „Ich heiße Nilgün, bin siebeneinhalb Jahre alt und komme aus der

Türkei." So wie es Ablam in Alaca gelernt hatte. Frau Mayer war sehr beeindruckt und fragte die anderen Kinder, ob sie sich auch vorstellen wollten. Aber keiner traute sich.

Unsere Schulklasse war wie Alaca, kunterbunt. Es gab Kinder aus Italien, aus Spanien, aus Griechenland, und außer mir waren noch zwei türkische Mädchen und ein türkischer Junge in der Klasse. Ich saß ganz vorne zwischen Oliver und Claudia. Oliver hatte blaue Augen und war blond. Claudia hatte braune Haare und braune Augen.

Dann kam ein Fotograf und machte von uns allen ein Foto. Wir mussten ein Schild halten, worauf „Mein erstes Schuljahr" stand.

Es war alles so aufregend!

Nach der Schule holte Annem mich mit Ablam ab, und wir gingen ein Eis essen.

Ich erzählte den beiden, wie ich mich als Einzige getraut hatte, meinen Namen laut vor der ganzen Klasse zu sagen. Anne war richtig stolz auf mich!

Ich ging gerne in die Schule und Frau Mayer hatte ich auch sehr lieb. Manchmal liefen Helene und ich morgens gemeinsam in die Schule. Wir waren auch in den Pausen immer zusammen und tauschten manchmal unsere Pausenbrote aus. Aber nur, wenn Helene keine Schweinewurst auf ihrem Brot hatte.

Nach ein paar Wochen durfte ich sogar morgens alleine in die Schule gehen, ohne meine Abla. Helene wurde von ihrer Mama gebracht und auch wieder abgeholt. Manchmal nahm Frau Schäufele uns beide an die Hand und wir liefen zu dritt. Abends richtete ich meine Kleider für den nächsten Tag her und ordnete meinen Schulranzen. Anne musste mir ganz viele Hefte kaufen, weil ich daheim so viele freiwillige Hausaufgaben machte. Und ich bekam so oft Sterne, dass

Frau Mayer mir immer öfter ihren Stuhl überlassen musste. Ich lernte auch ganz schnell lesen und schreiben. Meine Lehrerin klopfte mir immer auf die Schulter und lobte mich vor der ganzen Klasse. Sie nannte mich „mein fleißiges Lieschen". Ich liebte meine Lehrerin!

Alle Väter sind gleich

Meine Freundin Helene und ich saßen nach der Schule auf der Steintreppe vor ihrem Haus. Ich knabberte an meinen Kürbiskernen und Helene spielte mit ihrer Puppe. Ab und zu sah Frau Schäufele aus dem Fenster und vergewisserte sich, dass Helene noch da war. Helene war wieder sehr traurig und sprach fast gar nichts mit mir. Vielleicht kam sie auch nicht zu Wort, weil ich immer so viel redete.

Ich erzählte Helene über meine Anne, über Alaca, Istanbul, über den Bazar und die vielen schönen Sachen, die uns meine Anne im Urlaub kaufen wollte. Während ich erzählte, bekam ich Hunger auf Döner, Simit und all die leckeren Sachen, die es nur in der Türkei gab.

Frau Mayer hatte Helene in der Hausaufgabenhilfe schon mehrmals gefragt, was mit ihr los sei, und ob sie traurig wäre. Helene hatte nur mit den Schultern gezuckt und nicht geantwortet. Unsere Lehrerin hatte sogar Helenes Eltern in die Schule gebeten, um mit ihnen darüber zu sprechen.

Plötzlich fing Helene an zu weinen. Ich legte meinen Arm um Helene und versuchte, sie zu trösten. Nach einer Weile wischte sie sich die Tränen vom Gesicht und fragte: „Hat dich dein Papa lieb?"

O je!, dachte ich. Woher sollte ich das denn wissen? Anne hatte uns sehr lieb und war nach der Arbeit immer für uns da. Sie erzählte uns Geschichten, streichelte uns in den Schlaf und sagte immer, dass sie ohne uns keinen Tag leben könnte. Aber Baba? Hatte uns unser Baba lieb?

Je mehr ich darüber nachdachte, umso trauriger wurde ich. Ich wusste gar nicht, was ich antworten sollte. Baba sagte immer: „Mine ist mein rechtes Auge und Nilgün mein linkes", aber er behandelte weder Ablam wie sein rechtes Auge, noch mich wie sein linkes. Babam hatte auch noch nie gesagt, dass er uns lieb hatte. Wir sahen unseren Baba nicht so oft, und wenn er zu Hause war, schlief er meistens auf dem Sofa. An den Wochenenden war er im Café oder wir waren zu Besuch bei Freunden. Aber eigentlich musste doch jeder Baba sein Kind lieb haben. Sonst wäre er doch nicht Vater geworden, dachte ich.

Als ich mal wegen Ohrenschmerzen im Krankenhaus lag, hatte mein Baba nachts nicht schlafen können, weil er sich Sorgen um mich gemacht hatte. Das hatte meine Anne mir erzählt.

„Ja, ich glaube mein Papa hat uns schon lieb. Jeder Papa hat sein Kind lieb, sonst wäre er doch kein Papa geworden", sagte ich und hoffte, dass Helene endlich aufhören würde zu weinen. Aber sie weinte noch mehr als vorher. Ich stand auf, weil ich dachte, es sei besser zu gehen, aber da hielt Helene meine Hand fest und fragte mich, ob sich meine Eltern auch oft streiten würden.

Jetzt musste ich aufpassen, was ich sagte, weil wir mit niemandem darüber sprechen sollten. Nicht mal die Freundinnen von Anne durften davon erfahren, weil das nicht gerade etwas war, worauf man stolz sein konnte, sagte Annem immer.

„Ja, manchmal, aber nicht so oft, nur ab und zu", sagte ich.

Da erzählte Helene, dass ihre Eltern sich immer stritten, und dass ihr Papa sie und ihre Mama oft verprügelte. Helene fing wieder an zu weinen.

„Das glaube ich nicht!", fuhr ich auf.

„Deutsche Männer schlagen ihre Frauen nicht!" Helene nickte nur und fing wieder an zu weinen. Sagte sie mir die Wahrheit? Aber das konnte doch gar nicht sein, deutsche Männer waren doch viel lieber als türkische und außerdem trug Herr Schäufele immer einen Anzug und eine Krawatte. Er war doch ein wichtiger Mann im Büro. So einer prügelte doch nicht seine Frau und seine Tochter!

„Meine Mama will sich scheiden lassen, aber der Pfarrer hat es ihr verboten", erzählte Helene. Die Großeltern wollten Helene und ihre Mama zu sich holen. Ihre Großeltern wohnten aber weit weg, in einem schwarzen Wald, oder so ähnlich.

Die Kirche wollte nicht, dass sich Mann und Frau trennten, weil sie Gott versprochen hatten, bis in den Tod zusammenzubleiben.

Einmal hatte Herr Schäufele seine Frau und Helene in den Keller gesperrt. Nur weil ihre Mama zu viel telefoniert hatte. Ich bekam immer mehr Angst und wollte nach Hause.

Zum Glück hatten wir kein Telefon, aber wir hatten ja auch keinen Keller. Ich glaube, Baba hätte uns nie eingesperrt.

Ich war so enttäuscht und traurig über all das, was mir Helene erzählt hatte. Ich verabschiedete mich von ihr und rannte nach Hause. Ich konnte das alles einfach nicht glauben! Mein Baba lag noch im Bett und schlief. Ich zog seine Bettdecke vorsichtig weg, um ihn aufzuwecken.

„Nilgün, ne oldu, was ist passiert?“, fragte er erschrocken.

„Es ist nichts passiert. Baba, hast du mich lieb?“

„Eşoleşek, deshalb weckst du mich auf?“

Baba zog die Decke über den Kopf und schlief weiter.

Ich setzte mich ans Fenster und sah, dass Helene immer noch auf den Stufen saß. Meine arme Freundin Helene, wie konnte ich ihr nur helfen? Vielleicht sollte ich einfach mit Gott sprechen und ihm sagen, dass er die Erlaubnis für die Scheidung geben sollte. Aber da müsste ich ja zum Pfarrer gehen, nur er konnte die Erlaubnis für die Scheidung geben, denn er war ja der Einzige, der wirklich Kontakt zu Gott hatte.

Am Abend erzählte ich alles meiner Anne.

Ich wollte Helene und ihrer Mama unbedingt helfen.

„Kızım, wer soll uns denn helfen? Uns geht es doch auch nicht besser“, sagte Annem.

Sie erzählte, dass eine Scheidung nach dem Koran nur dann erlaubt sei, wenn der Mann nicht für die Frau sorgen würde. Aber das Schlimmste an einer Scheidung war, dass die Ehre einer Frau damit einen schwarzen Fleck bekam. Eine geschiedene Frau würde man in der Gesellschaft nicht akzeptieren, und ihre Kinder müssten auch darunter leiden. Wie bei Birsen Teyze.

Deshalb konnte sich Annem also nicht von Baba scheiden lassen. Sie wollte unsere Ehre damit schützen! Meine Anne musste wegen uns leiden. Sie tat das alles nur wegen meiner Schwester und mir. Tot wollte ich sein, einfach nicht da sein, dann hätte meine Anne keinen Grund mehr, bei meinem Baba zu bleiben, und sie müsste nicht leiden. Alle Väter waren gleich. Eigentlich sollte es nur Mütter geben, dachte ich, traute mich jedoch nicht, mit Allah und mit Gott darüber zu reden. Schließlich wollten beide nicht, dass sich Mütter von ihren Männern trennen.

Am nächsten Morgen begegnete ich Herrn Schäufele. Ich drehte gleich meinen Kopf auf die Seite und machte einen großen Bogen um ihn.

„Na, ist es noch zu früh zum Grüßen oder was?“, rief er hinter mir her.

Ich gab ihm keine Antwort und meine Beine liefen ganz schnell weiter.

Ein paar Tage später erzählte Helene, dass sie mit ihrer Mama zu ihren Großeltern ziehen würde. Ihre Großmutter hätte sie dort schon in der Schule angemeldet. Helene war sehr glücklich darüber, weil ihre Großeltern einen Bauernhof und einen Traktor hatten. Sie könnte dann immer mit ihrem Opa mitfahren. Herr Schäufele durfte es aber noch nicht wissen, sonst hätte er die beiden nicht gehen lassen. Helene und ihre Mama wollten heimlich ausziehen, wenn Herr Schäufele bei der Arbeit war. Und irgendwann, wenn ihr Papa lieb wäre, dürfte er sie besuchen.

Mit wem würde ich denn nun mein Pausenbrot teilen, und wer würde mit mir morgens in die Schule laufen? Yalcin hatte ich nicht mitnehmen dürfen, und nun zog auch noch meine beste Freundin weg. Ich war sehr traurig.

Am nächsten Tag verließ Herr Schäufele wie immer um die gleiche Uhrzeit das Haus, und schon kurze Zeit später stand ein großer Lastwagen vor der Tür. Ganz viele Männer trugen Möbel heraus und Helene stand bei ihren Großeltern. Frau Schäufele wischte sich immer wieder die Tränen aus den Augen. Sie war sehr unglücklich. Meine Anne fragte sie, ob wir ihr helfen könnten, aber Frau Schäufele umarmte meine Anne nur ganz fest und beide fingen an zu weinen. Ich stand neben meiner Helene und hielt ihre Hand.

Helene war gar nicht traurig. Ich glaube, so lustig hatte

ich meine beste Freundin noch nie gesehen. Jetzt war es so weit, ihre Großeltern saßen bereits im Auto und ihre Mama verabschiedete sich von mir mit einem Kuss auf die Wange. Helene und ich umarmten uns ganz fest. Dann fuhr der Lastwagen weg. Ich stand da und mein Herz klopfte.

Meine Helene war weg. Einfach weg. Jetzt hatte ich überhaupt keine beste Freundin mehr.

„Irgendwann wird es Hasan genauso gehen, wenn er so weitermacht", sagte Annem und zog ihre Augenbrauen zu einem dicken Strich zusammen.

„Hadi Kızım, du musst dich beeilen, sonst kommst du zu spät in die Schule."

Aber ich konnte an diesem Tag nicht in die Schule gehen. Ich war so niedergeschlagen, dass ich sogar spucken musste. Ich durfte mit Tekir daheim bleiben. Mein Kater und ich saßen am Fenster und ich sah auf die Steintreppe, wo Helene und ich immer gesessen hatten. Eigentlich hätte es auf der ganzen Welt nur Mamas geben dürfen. Dann wäre das Leben viel schöner.

Zum Glück würde ich mal eine Mama sein und kein Papa. Yalcin würde unser Kind nie schlagen und wir würden den ganzen Tag draußen spielen!

Ein Baum ohne Wurzeln

Ali Amca hatte uns zum Ramadan einen Fernseher geschenkt, den er im Sperrmüll gefunden hatte. Mine und ich saßen am Anfang stundenlang davor und waren furchtbar stolz, auch endlich einen Fernseher zu besitzen. Aber die Begeisterung ließ schnell nach. Wir konnten nur einen Sender empfangen, und meistens kamen Sendungen, in denen Erwachsene über Politik sprachen. Abends durften wir mit unseren Eltern „Aktenzeichen XY" oder auch „Tatort" anschauen. Das war viel aufregender!

Ab und zu verschwand das Bild und es waren nur noch Ameisen zu sehen. Meistens passierte das, wenn es richtig spannend wurde. Ein Schlag mit der Faust auf das Gehäuse und das Bild war wieder da.

„Dieser Fernseher ist wie eine Frau. Wenn er nicht funktioniert, muss man einfach einmal draufhauen", sagte Baba.

Anne fand das gar nicht lustig und schüttelte den Kopf.

Alle zwei Wochen kam unsere Lieblingssendung „Türkiye mektubu", ein Brief aus der Türkei.

Dreißig Minuten lang Nachrichten, Bilder und Musik aus der Heimat. An diesen Tagen kam Baba pünktlich nach Hause, und wir saßen alle gespannt vor dem Fernseher. Wenn „Türkiye mektubu" lief, durften wir nicht mal Sonnenblumenkerne knabbern.

Ich fand die Nachrichten immer sehr langweilig, und trotzdem war es wie ein Liebesbeweis Anne und Baba gegenüber, ruhig und aufmerksam zuzuhören.

„Sieh mal Hasan, wie aufmerksam die Kinder sind. Sie vermissen die Heimat auch. Allah möge dieser Sehnsucht ein Ende setzen", sagte Annem und gab uns einen Kuss auf die Stirn.

Sogar Tekir lag ganz still vor dem Fernseher.

Als eine Sängerin zum Abschluss der Sendung ein trauriges Lied über Trennung und Sehnsucht sang, verschwand plötzlich wieder mal das Bild.

„Allah kahr etsin, verflucht noch mal!", brüllte Baba.

Anne wischte sich die Tränen aus den Augen, sprang von ihrem Platz hoch und schlug mit der Faust auf den Fernseher. Sie rüttelte und schlug immer fester. Anne schrie, fluchte und war ganz außer sich vor Wut. Baba, Mine und ich saßen völlig fassungslos da. Tekir verkroch sich unter das Sofa.

„Verdammt noch mal!“, schrie Anne.

Baba versuchte, sie festzuhalten, aber Anne ließ sich nicht beruhigen. Sie schimpfte und schlug sogar auf Baba ein. Annem hatte Baba noch nie geschlagen und sie hatte ihn auch noch nie so schlimm beschimpft. Ablam und ich hatten große Angst und fingen an zu weinen.

Plötzlich sah Annem uns an und ich dachte, jetzt schlägt sie uns auch gleich. Aber sie ließ sich einfach auf den Boden fallen, schlug sich die Hände vors Gesicht und schluchzte ganz laut.

Ich hatte Angst. Meine Beine wollten nicht zu ihr gehen und mein Herz klopfte ganz laut.

Was war nur geschehen? Mit einem Mal war das Bild wieder da, aber die Sendung war inzwischen zu Ende.

Baba brachte ein nasses Tuch, wischte Annes Gesicht ab und hielt ihr Kolanya unter die Nase, aber Annem hörte nicht auf zu weinen. Als ich am nächsten Morgen aufwachte, saß Annem immer noch auf dem Boden neben dem Fernseher und wiegte sich hin und her, wie es Babaanne immer vor dem Fenster getan hatte. Baba war auf dem Sofa eingeschlafen und Tekir lag neben Anne, die uns nicht mal ansah.

Ablam und ich zogen uns an und gingen in die Schule, ohne etwas zu sagen. Keiner von uns beiden wollte zu Anne gehen, weil wir Angst hatten.

Frau Mayer fragte mich in der Pause, ob ich krank sei, weil ich nicht auf ihrem Stuhl sitzen wollte. Ich schüttelte nur den Kopf. Ich schämte mich, ihr zu erzählen, was mit meiner Anne geschehen war, und gab mir Mühe, nicht zu weinen.

Annem blieb tagelang im Bett liegen. Sie aß kaum noch etwas und ging weder zur Arbeit noch zum Arzt. Sie kochte auch nicht mehr für uns. Baba wollte sie zum Arzt bringen, aber Annem weigerte sich. Sie wollte nicht mal mit uns reden.

Irgendwann wurde Annem in der Nacht mit Blaulicht in die Klinik gefahren. Sie hatte versehentlich zu viele Tabletten geschluckt. Als der Krankenwagen wegfuhr, saßen Ablam und ich am Fenster. Wir dachten, dass wir Annem nie wiedersehen würden. Nach ein paar Stunden kam Baba endlich nach Hause. Er drückte Mine und mich ganz fest an sich und erzählte uns, dass es Anne schon wieder einigermaßen gut ginge und wir sie bald besuchen dürften.

„Baba, wird Anne sterben?" Mine fing an zu weinen.

„Allah schütze sie, Yavrum, beiß dir auf die Zunge, sie wird, Inşallah, in ein paar Tagen wieder gesund nach Hause kommen", sagte er und gab uns einen Kuss auf die Stirn.

Baba nahm Urlaub, um meine Anne zu besuchen. Wir durften erst nach einer Woche zu ihr. Der Arzt hatte es verboten.

Ich betete immer wieder zu Allah und zu Gott. Nur beide waren stark genug, uns zu helfen, da wir ein großes Problem hatten.

Ich konnte nur ein Gebet aus dem Koran auswendig, das mir meine Anne beigebracht hatte. Das sagte ich mit erhobenen Händen auf Babas Gebetsteppich immer wieder auf.

Als unser erster Besuchstag kam, holte Baba unsere schönsten Kleider aus dem Schrank, schnitt uns sogar die Nägel, kämmte uns die Haare und wir gingen los. Unterwegs erzählte uns Baba, dass Anne in einer Spezialklinik sei und wir ganz lieb zu ihr sein müssten. Ablam sah Babam ganz böse an und sagte: „Wir waren immer lieb zu Anne. Das solltest du dir selber sagen!"

„Eşoleşek, gleich fängst du eine", antwortete Baba und gab Mine einen Schubs.

Es war eine wunderschöne Klinik mit einem großen Rosengarten. Eigentlich sah das Gebäude gar nicht aus wie ein Krankenhaus, sondern eher wie ein Märchenschloss.

Plötzlich sahen wir unsere Anne auf einer Bank sitzen. Mine und ich rannten zu ihr hin und umarmten sie ganz fest. Meine Anne roch so gut! Ich hatte sie so sehr vermisst. Ich fing an zu weinen und wollte sie gar nicht mehr loslassen. Ich hatte Angst, wieder ohne Anne nach Hause zu gehen, und ich hatte noch mehr Angst, dass meine Anne sterben könnte. Anne küsste uns ganz oft und streichelte uns. Sie drückte uns immer wieder ganz fest an sich.

Aber sie sagte nichts, kein Wort kam aus ihrem schönen Mund. Keiner von uns sagte etwas, nicht mal Baba.

Bei uns ging es nie ruhig zu, wir waren immer eine sehr laute Familie und meinen Baba hatte ich noch nie flüstern gehört. Aber auch er traute sich kaum zu sprechen, und wenn, dann sah er nur auf den Boden und sprach so leise, dass wir ihn kaum verstehen konnten.

Baba wollte schon nach ein paar Minuten wieder nach Hause gehen und sagte uns, dass wir Anne nicht anstrengen dürften. Aber ich klammerte mich so fest ich konnte an meine Anne und schluchzte laut. Ich wollte nicht ohne sie gehen, und ich wollte sie auch nicht alleine dort lassen. Baba ging mit Ablam ein Eis holen, und ich durfte noch bei meiner Anne bleiben, musste aber versprechen, dass ich danach ohne zu weinen mit ihnen gehen würde.

„Ağlama yavrum, ağlama, üc gün kaldi bayrama, weine nicht mein Kind, es sind nur noch drei Tage bis Bayram", sang Annem und wischte mir die Tränen vom Gesicht.

„Anne, das hat Babaanne auch immer gesungen, wenn wir traurig waren, obwohl es noch sehr lange bis Bayram war."

Annem nickte nur und streichelte über meine Haare.

„Das hat mir meine Anne auch immer vorgesungen", sagte sie.

Annem versprach mir, nicht zu sterben, und sie wollte auch ganz schnell wieder bei uns sein.

Plötzlich stand ein Mann neben uns und fragte Anne, ob alles in Ordnung sei. Danach schaute er mich an, setzte sich zu uns und fragte mich, ob ich geweint hätte. Ich nickte und sah auf den Boden.

„Ich bin der Doktor von deiner Mama", sagte er, „und wer bist du?"

„Nilgün", antwortete ich.

„Nüglin, das ist aber ein schöner Name."

„Nilgün, ich heiße nicht Nüglin."

Der Doktor lachte und entschuldigte sich bei mir. Es war ein netter Doktor mit einer kleinen Brille auf der Nase.

„Willst du ein Eis essen?" Eigentlich wollte ich schon, aber ich hatte Angst, dass meine Anne weg sein würde, bis ich wiederkäme.

„Anne, wartest du hier auf mich?"

„Evet, Yavrum, wo soll ich denn hin?"

„Schwöre!"

„Vallaha, billaha", schwor Anne und ich war mir nun sicher, dass meine Anne nicht weggehen würde.

Ich durfte mir ein ganz großes Eis aussuchen.

„Du warst traurig wegen deiner Mama?"

Ich nickte nur. Meine Zunge wollte nichts sagen.

Der Doktor wollte wissen, ob mein Papa nett zu uns war und ob ich ihn lieb hätte.

Da schmeckte mir das Eis nicht mehr. Ich fing wieder an zu weinen, weil ich wusste, dass Anne nicht mit uns nach Hause gehen durfte.

Ich war wütend und warf das Eis einfach auf den Boden. Aber dann schämte ich mich und verbarg mein Gesicht in meinen Händen.

Der Doktor setzte sich mit mir auf die Wiese und erklärte mir, warum Annem noch nicht mit uns nach Hause durfte.

Er sagte, dass jeder Mensch wie ein Baum sei und Wurzeln habe, und dass ein Baum ohne Wurzeln eingehen würde und keine Früchte tragen könne. Anne habe ihre Wurzeln in der Türkei gelassen und deshalb sei sie krank geworden. Die Früchte eines Menschen seien die Fröhlichkeit und sein Lachen. Da hatte der Doktor recht.

Anne hatte so lange keine Früchte getragen, sie hatte immer so oft weinen müssen.

Meine Anneanne, Onkel, Tanten und all unsere Verwandten und die Heimat seien die Wurzeln von Annem, sagte der Doktor.

„Gibst du meiner Anne die Wurzeln wieder?"

Der Doktor schüttelte den Kopf.

„Das wird mir nicht gelingen, aber wir werden ihr Medizin geben, damit sie nicht mehr so oft weinen muss", sagte er.

Der Doktor versprach mir, Annem ganz schnell nach Hause zu schicken. Trotzdem hätte ich meine Anne am liebsten gleich mitgenommen. Auf dem Heimweg erzählte ich Baba von dem Gespräch mit dem netten Doktor, und dass Anne so krank sei, weil sie ihre Wurzeln verloren hatte. Baba schwieg und drückte meine Schwester und mich an sich.

Der Doktor hielt sein Versprechen nicht. Annem musste noch ganz lange in der Klinik bleiben, und jedes Mal fiel mir der Abschied von ihr so schwer. Ich glaube, dass ich auch nur noch wenig Früchte trug. Wir erlebten zwei Jahreszeiten ohne meine Anne.

Bittere Träume

Samstags gingen unsere Eltern immer auf den Wochenmarkt, meine Schwester und ich deckten währenddessen den Tisch, und dann gab es ein köstliches Frühstück.

Eines Samstags fiel mir beim Frühstück plötzlich mein Traum aus der vergangenen Nacht ein und ich erzählte, wie ich auf einem Zwiebelhaufen gesessen und ganz viele Zwiebeln geschält hatte und dabei fürchterlich weinen musste. Anne sah Baba an und deutete meinen Zwiebeltraum als ein schlechtes Zeichen.

„Zwiebeln sind bitter. Allah möge uns vor bitteren Nachrichten schützen", sagte sie.

Annem glaubte an Träume und konnte jeden Traum deuten. Einmal hatte sie von einer weißen Taube geträumt und war überzeugt, dass wir entweder eine gute Nachricht oder Geld bekommen würden. Drei Tage später saßen wir wie jeden Samstag vor dem Fernseher und verfolgten die Lottoziehung. Wir hatten vier Richtige und meine Anne hatte recht gehabt!

Wir wurden zwar nicht reich, aber es hatte zu einem „Hammel" gereicht.

Annem räumte den Frühstückstisch ab, als es plötzlich an der Tür klingelte.

Der Briefträger übergab Baba ein Telegramm.

Baba öffnete es und sein Blick wurde ganz starr. „Ist es eine bittere Nachricht, Hasan?"

Baba ließ sich auf das Sofa fallen, Tränen liefen ihm über das Gesicht und er flüsterte: „Nun habe ich auch keine Wurzeln mehr."

„Ist Babaanne tot?", fragte Mine.

Mein Herz begann, rasend zu klopfen. Annem setzte sich zu Baba, legte ihren Arm um ihn und wünschte ihm Beileid. Annem und Mine fingen auch an zu weinen. Baba verbarg sein Gesicht in den Händen und schluchzte laut.

Ich verkroch mich in den Kleiderschrank und drückte mir die Kleider an die Ohren, um meinen Baba nicht zu hören. Meine Babaanne war tot, und ich würde sie nie wiedersehen. Ich hatte ihr doch versprochen, sie bald zu besuchen und hatte ihr Brezeln mitbringen wollen. Ich weinte und betete zu Allah, dass er ihr all ihre Sünden vergeben und sie ins Paradies schicken sollte.

Was würde wohl aus meinem Freund Yalcin werden? Außer Babaanne mochte ihn doch keiner in Alaca. Wahrscheinlich würde er nun auch sterben, dachte ich und musste noch mehr weinen.

Plötzlich bekam ich Angst, das Anne auch sterben würde. Ich riss die Schranktür auf, stürzte zu Annem und nahm sie fest in den Arm. Annem versuchte, mich zu beruhigen und versprach mir, noch nicht zu sterben.

„Allah weiß, wann wir alle gehen müssen, aber hab keine Angst", sagte sie, „meine Zeit ist sicher noch nicht gekommen."

Baba nahm einen Vorschuss von seinem Konto, um den Flug und die Beerdigung zu bezahlen. Da wir uns nur ein Flugticket leisten konnten, musste mein Baba alleine fliegen.

Annem kochte einen großen Topf Grieshelva und verteilte es im Namen meiner Babaanne an alle Freunde, damit sie für ihre Seele beteten.

Am Flughafen drückte ich Baba eine Tüte mit Süßigkeiten in die Hand, die er meinem Freund Yalcin geben sollte.

„Glaubst du, ich denke jetzt an irgendwelche Verrückte", sagte er und warf die Tüte in Annes Handtasche.

Vier Tage später kam Babam wieder zurück. Ganz Alaca sei zur Beerdigung von Babaanne gekommen und jeder wollte den Sarg auf den Schultern tragen, aber Yalcin habe die rechte vordere Seite des Sarges nicht freigegeben.

„Möge ihr Platz im Paradies sein", sagte Baba. „Ich hätte nicht gedacht, dass meine Mutter so beliebt war."

Nach der Beerdigung habe Yalcin die ganze Nacht auf dem Friedhof verbracht. Am nächsten Morgen habe der Dorflehrer ihn mit nach Hause genommen.

„Baba, gehen wir denn irgendwann mal wieder nach Alaca?", fragte ich vorsichtig.

Baba schüttelte den Kopf und sagte, es gäbe für uns keinen Grund mehr, Alaca aufzusuchen.

Baba holte ein geblümtes Säckchen aus der Tasche.

„Das hat sie sicher für dich gesammelt", sagte er und überreichte mir das Säckchen. Es war brauner Kandiszucker.

Anschließend holte Baba noch ein Kopftuch aus der Tasche und roch daran. Dann fing er wieder an zu weinen. In der Nacht schlief ich mit dem Kopftuch in der Hand und träumte, dass meine Babaanne mir Maisbrot backte. Ich war fest davon überzeugt, dass Babaanne im Paradies war und dort die guten Menschen mit Maisbrot versorgte.

Meine Schwester und ich spielten mit unseren Puppen. Mine hatte in der Schule gelernt, wie man Puppenkleider nähte, und häkeln konnte sie auch schon. Anne gab uns ihre Stoffreste, nur an die Nähmaschine durften wir nicht, weil sie viel Geld dafür bezahlt hatte.

Beim Spielen mit Puppen verstanden wir uns immer ganz gut. Meine Puppen hatten blonde Haare und blaue Augen mit ganz langen Wimpern. Die Puppen von Mine waren dunkelhaarig und hässlich.

Als ich meiner Lieblingspuppe Helene das Gesicht waschen wollte, fiel mir auf, dass jemand ihre schönen, langen Wimpern abgeschnitten hatte. Ich wusste natürlich sofort, wer das gemacht hatte. Ich wurde so wütend und böse, dass ich gleich zu schreien anfing.

Da Mine lange Haare hatte, war es sehr leicht, ihr weh zu tun, besonders wenn sie ihre Haare offen trug. Ich griff mit beiden Händen in ihre blonden Strähnen und zog so fest daran, wie ich nur konnte. Mine war viel größer und stärker als ich, aber ich wusste mir zu helfen: beißen, zwicken und ins Gesicht spucken, wenn Anne es nicht sah. Ich bekam wie immer eine Ohrfeige von Mine, aber Schmerz kannten wir in solchen Situationen nicht.

Plötzlich sah ich meine Anne in der Tür stehen und war mir sicher, dass sie eingreifen würde. Aber nichts geschah. Anne sah uns an, lächelte und dabei kullerten wieder Tränen über ihr schönes Gesicht.

Mine und ich hörten sofort auf zu streiten.

Immer wenn Anne anfing zu weinen, bekamen wir große Angst, dass sie wieder ihre Wurzeln verlor und in die Klinik musste. Manchmal vergaß sie ihre Tabletten zu nehmen, dann konnte sie nicht einschlafen und musste weinen.

Ablam und ich gingen zu ihr, umarmten sie und versprachen ihr, uns nie wieder zu streiten.

„Yavrum, es ist nicht wegen euch, ich bin auch nicht traurig, sondern glücklich!"

Das sah zwar gar nicht nach Glück aus, aber irgendwie waren wir erleichtert. Anne erzählte uns, dass wir am Wochenende Besuch bekommen würden, der aber aus einem ganz bestimmten Grund käme. Diese Menschen würden im Namen Allahs kommen und um die Hand von Mine anhalten. Ich stand da wie die Statue von Atatürk und konnte es gar nicht glauben. Meine Schwester war vierzehn Jahre alt und bekam ihren ersten Heiratsantrag? Sie hatte zwar schon einen großen Busen und Haare unter den Achseln, aber ich konnte mir nicht vorstellen, dass irgendein Mensch auf dieser Welt meine Schwester heiraten wollte. Mine war doch immer so gemein und dumm.

„Anne, muss ich heiraten?"

„Yavrum, du bist doch noch ein Kind, aber wir müssen diese Menschen trotzdem empfangen. Es werden noch viele an unsere Tür klopfen, denn aus Töchtern werden Bräute. Aber wir würden euch nie zu einer Heirat zwingen", versprach Anne. Sie war sehr stolz auf meine Schwester und gab ihr einen Kuss auf die Stirn.

Mine sah mich ganz seltsam an. Sie nahm ihr Lipgloss mit Erdbeergeschmack aus der Tasche und schmierte sich eklig dick ihre dicken Lippen ein. Danach zog sie ihre Mundwinkel zusammen und folgte Anne in die Küche.

Annem und Mine putzten tagelang unsere Wohnung. Türen und Fenster wurden auf Hochglanz gebracht, und Mine hatte ständig so ein dummes Grinsen im Gesicht.

Wir saßen alle im Wohnzimmer, als würden wir unser heiliges Ramadanfest feiern. Mine hatte ein neues Kleid bekommen, und ich musste zum Friseur, weil Anne meine Locken nicht mehr durchkämmen konnte.

Baba sah Ablam nicht mehr in die Augen, er schüttelte immer wieder den Kopf und versuchte sein Grinsen zu verbergen.

„Wann ist meine Watte-Tochter groß geworden? Wo ist nur die Zeit geblieben, Allahım?" Dann hob er die Hände zu Allah und zündete sich eine Zigarette an.

Ein bisschen eifersüchtig war ich schon, weil sich alles nur noch um Mine drehte, und Baba immer wieder sagte, wie stolz er auf Mine sei.

„Aus meiner Tochter könnte also eine Braut werden!" Dabei versuchte er sein Lächeln zu unterdrücken.

Aus mir würde nie eine Braut werden. Schließlich war ich erst zehn Jahre alt und hatte noch nicht mal richtige Brüste. Außerdem wollte ich ja sowieso Yalcin heiraten.

Wer um die Hand meiner Schwester anhielt, wusste ich immer noch nicht, aber das war mir auch egal!

„Es ist einer von der türkischen Schule", hatte mir Mine ins Ohr geflüstert.

Seit zwei Monaten gab es bei uns an der Schule einen türkischen Lehrer. Den hatte der türkische Staat extra wegen uns nach Deutschland geschickt. Ein Mal in der Woche durfte Duman Öğretmen, Lehrer Duman, uns in der deutschen Schule unterrichten. Es gab nur eine Klasse. Duman Öğretmen war sehr streng und sagte gleich am ersten Tag, dass ihn die deutschen Gesetze nicht interessierten. Wenn einer nicht folgte, dann würde er ihm die Ohren ausreißen. Das hatte er zwar noch nie gemacht, aber er hatte einigen Jungen so fest an den Ohren gezogen, dass ihnen vor Schmerz die Tränen gekommen waren.

Plötzlich klingelte es an der Tür. Die Anwärter waren endlich da. Anne sprang auf, öffnete aber nicht gleich. Sie wartete darauf, dass es noch einmal klingelte, denn sonst hätte es so ausgesehen, als hätten wir sehnlichst auf die Anwärter von Mine gewartet. Wenn das auch stimmte, so durften wir uns das doch nicht anmerken lassen.

Ich traute meinen Augen nicht. Es waren die Eltern von Özcan. Özcan ging mit uns in den türkischen Unterricht und war der älteste, aber auch der lustigste Junge in der Klasse. Sein älterer Bruder, seine Tante und sein Onkel standen mit Blumen und Pralinen hinter den Eltern von Özcan. Er war schon sechzehn Jahre alt und bekam fast jede Woche von Duman Öğretmen eine Ohrfeige. Duman Öğretmen zog seine Ohren hoch, bis er nur noch auf Zehenspitzen stehen konnte und bevor Özcan wieder festen Boden unter den Füßen verspürte, wurden ihm zwei Ohrfeigen rechts und links verpasst. Ich konnte es gar nicht fassen! Özcan wollte meine Schwester heiraten? Das gefiel mir plötzlich noch weniger als vorher. Eigentlich hätte ich ihn am liebsten geheiratet, weil er so lustig war. Aber dann fiel mir Yalcin wieder ein.

Özcan hatte zwar wenig Farben auf dem Kopf, aber er war trotzdem ein sehr netter Junge.

Er hatte sogar mal ein Bild von einer nackten Frau auf den Stuhl von Duman Öğretmen geklebt und der ganzen Klasse erzählt, dass die Frau schwanger werden würde, wenn sich unser Lehrer auf den Stuhl setze. Alle lachten, als Duman Öğretmen Platz nahm, und als der das Bild auf seinem Stuhl entdeckte, wusste er gleich, wer das getan hatte. Özcan bekam eine saftige Ohrfeige und musste eine Stunde auf einem Bein stehen.

Nach einer höflichen Begrüßungszeremonie verschwand Mine in der Küche und ich saß neugierig neben meiner Anne. Die heiratsfähige Tochter musste einen Mokka kochen und auf jeder Tasse hatte viel Schaum zu sein. Das war ein Zeichen, dass sie eine gute Hausfrau war.

Natürlich kochte meine Anne heimlich den Mokka und Mine durfte servieren. Ablam war so rot im Gesicht wie eine Tomate und alle betrachteten sie von Kopf bis Fuß.

Der Vater von Özcan fing an zu sprechen: „Im Namen Allahs und in seinem Beisein bitten wir um die Hand Ihrer Tochter Mine für unseren Sohn Özcan."

Diesen Spruch kannte ich aus türkischen Filmen und aus den Geschichten, die Anne uns erzählt hatte. Ein großes Schweigen breitete sich im Wohnzimmer aus. Baba sah ganz lange auf den Boden.

„Es ist uns eine Ehre, dass Sie an unsere Türe klopfen, aber meine Tochter ist noch ein Kind. Wir können gerne in ein paar Jahren darüber sprechen, wenn die Zeit reif ist", antwortete Baba.

Der Vater von Özcan setzte noch einmal an und erklärte, dass irgendwann aus allen Töchtern Bräute würden und die beiden sich doch erst mal verloben könnten.

Aber Baba hob seine Augenbrauen und wiederholte, was er bereits gesagt hatte. Wieder herrschte großes Schweigen.

Ablam servierte noch Baklava, süßes Gebäck. „Lasst uns Süßes essen und Süßes sprechen", sagte Annem.

„Sie haben recht, lasst uns Süßes essen und Süßes sprechen", wiederholte der Onkel.

Nachdem alle gegessen und getrunken hatten, verabschiedeten sich die Gäste. Mine kam aus der Küche, sah Baba an und tat so, als ob sie nichts mitbekommen hätte. Dabei hatte sie die ganze Zeit hinter der Küchentür gestanden und gelauscht.

Babam machte immer noch ein ernstes Gesicht und seine Brauen bildeten einen Strich über den Augen. Ich fing an zu lachen und Baba sagte nur: „Eşoleşek, was gibt es da zu lachen?" Aber dann lachten alle.

Baba stand noch lange am Fenster und rauchte seine Zigaretten.

Irgendetwas war geschehen, aber wir wussten nicht, was es war. Von dem Tag an durfte Mine mit ihren Freunden nicht mehr ins Kino und nicht mehr alleine in die Stadt, sie durfte nicht mehr ins Freibad und sie durfte nicht mal ihre beste Freundin Hülya besuchen. Anne sagte, dass Hülya einen Bruder hätte, und die Leute würden Mines Besuch auf ihn beziehen.

Ablam durfte nicht mehr ohne Anne aus dem Haus gehen, außer zum Bäcker und in die Schule. Manchmal, wenn Mine lange genug weinte, durfte sie ihre Freundin Hülya besuchen, aber nur, wenn sie mich mitnahm. Das gefiel Mine überhaupt nicht. Sie fing unterwegs Streit an und gab mir ohne Grund eine Ohrfeige, damit ich wieder nach Hause lief und sie alleine zu ihrer Freundin gehen konnte.

Aber nachdem das ein paar Mal vorgekommen war, durfte sie gar nicht mehr aus dem Haus, auch wenn ich dabei war. Anne brachte uns mit dem Auto in die Schule und holte uns sogar ab.

Mine spielte auch nie wieder mit ihren Puppen und nähte weder für meine noch für ihre Puppen Kleider. Sie hatte all ihren Puppen die Augen mit dem Küchenmesser ausgestochen und ihnen die Haare mit Wasserfarben ganz bunt angemalt. Wenn Ablam vom Bäcker zu spät nach Hause kam, musste sie zuerst erzählen, warum sie sich verspätet hatte. In die türkische Schule durfte sie auch nicht mehr. Alles, was Mine machen wollte, wurde ihr verboten.

Die Klassenkameraden von Mine bekamen viel mehr erlaubt, aber das waren auch keine Türken.

„Ein Mensch kann sich ohne seine Ehre begraben lassen. Du bist kein Kind mehr!", sagte Baba immer wieder.

„Na und? Ich bin trotzdem eure Tochter und nicht eure Sklavin!", schrie Mine.

Wenn Baba dann mit erhobener Hand auf sie zuging, rannte sie auf die Toilette.

Nach langem Betteln durften wir einmal mit Paola und Giuseppe ins Freibad gehen.

Ugur, ein sehr netter Junge, den wir von der türkischen Schule her kannten, setzte sich zu uns, und wir aßen gemeinsam ein Eis. Er erzählte von seiner kleinen Schwester, die schon längere Zeit an Keuchhusten litt, weshalb er auch zwei Wochen nicht hatte in die Schule gehen dürfen. Ablam und ich hatten nichts getan, was unserem „Namus" geschadet hätte. Wir hatten nur ein Eis mit Ugur gegessen.

Ein paar Tage später kam Babam nach Hause und ohne ein Wort zu sagen, schlug er auf meine Schwester ein. Ich ging dazwischen und versuchte, meine Schwester zu beschützen.

„Baba, sie hat doch nichts getan, hör auf, bitte hör auf!", schrie ich. Aber Baba war blind vor Wut.

Mine lag fast bewusstlos auf dem Boden und ich saß neben ihr und weinte. Dann mussten wir berichten, was im Freibad geschehen war. Aber obwohl wir alles ganz genau erzählten, glaubte uns Baba kein Wort. Er schrie und war so wütend, dass er den Fernseher gegen die Wand schleuderte.

„Wollt ihr Schlampen werden oder wollt ihr, dass ich mich umbringe?"

Baba schrie und schlug wieder alles zusammen. Der Sohn eines Freundes von ihm, der auch im Freibad gewesen war, hatte uns mit Ugur gesehen. Er hatte erzählt, dass Mine und Ugur auf dem gleichen Handtuch gesessen hätten. Der Mann fragte Baba, ob das etwas Ernstes sei zwischen meiner Schwester und Ugur. Wenn nicht, solle er besser auf seine Töchter aufpassen.

Ich nahm den Koran und legte meine rechte Hand darauf. Ich schwor, dass wir ganz lieb gewesen waren und dass Mine nichts getan hatte. Bevor mein Vater die Tür hinter sich zuknallte, sagte er, dass er uns umbringen würde, wenn wir auch nur einen weiteren Fehler machen würden. Dann verschwand er im Wohnzimmer.

Mine lag im Flur auf dem Boden und weinte.

„Ich werde abhauen, ich gehe weg von hier, ich habe die Schnauze voll", schrie sie und ging auf die Toilette. Ich wusste, dass Ablam schon länger rauchte, obwohl Anne es ihr verboten hatte. Ich presste mein Ohr an die Toilettentür und hörte das Schluchzen meiner Schwester.

Mein Vater stand im Wohnzimmer und sah aus dem Fenster. Er zog ganz fest an seiner Zigarette.

„Allah hilf mir, ich weiß nicht mehr, was ich tun soll. Ich weiß nicht mehr was richtig und was falsch ist", flüsterte er.

Baba war verzweifelt. Seine Augen waren ängstlich und sein Herz traurig.

Plötzlich eine Frau

Das Erwachsenwerden geht bei uns Türken schneller, als eine Bestellung aus dem „Otto Katalog" aufzugeben. Es ist zwar unglaublich, aber ich wurde innerhalb von zwei Minuten eine Frau. Das meinte zumindest mein Vater, als er mir wieder einmal zusah, als ich einen Kopfstand machte. Der Rock hing mir über dem Kopf und ich spürte, wie mir das Blut ins Gesicht schoss. Da riss mein Vater mich an den Beinen runter und schrie mich an, ich sei kein Kind mehr und solle mich gefälligst wie eine junge Frau benehmen, schließlich sei ich schon dreizehn Jahre alt. Ich war erstaunt über seine Worte.

„Baba, bin ich jetzt plötzlich eine Frau geworden, oder hast du nur schlechte Laune?"

„Sieh dich doch an und benimm dich dann auch so, wie du aussiehst!", schrie er und warf die Tür hinter sich zu.

Ich ging ins Schlafzimmer und stellte mich vor den Spiegel. Tekir jagte ich ins Wohnzimmer, denn ich hatte mein T-Shirt ausgezogen und Tekir war ja ein Mann, der mich nicht nackt sehen durfte.

Ich hatte meine Schwester wegen ihrer Brüste und ihres fraulichen Körpers immer bewundert.

Endlich sah man bei mir auch eine kleine Wölbung, die ganz nach Brüsten aussah. Aber das war ja nicht beim „Kopfstand machen" passiert.

Diese kleinen Wölbungen hatte ich schon seit einigen Monaten und ich war eigentlich ganz stolz darauf. Ich sah in dem Spiegel keine Frau, sondern mich, so wie ich immer war.

Aber anscheinend war ich nun doch eine Frau. Mein Vater musste es ja schließlich wissen! Stolz begutachtete ich meinen Körper und drehte mich in alle Richtungen. Ich nahm die hohen Schuhe von Anne aus dem Schrank und stolzierte durch die Wohnung.

Ich war dreizehn Jahre alt und schon eine Frau! Plötzlich kam meine Schwester ins Schlafzimmer und verdrehte die Augen. Ich ging mit meinen hohen Schuhen auf sie zu und sagte, dass ich jetzt auch eine Frau sei, und dass es sogar unserem Vater aufgefallen wäre.

„Ich wünschte, ich wäre keine Frau", sagte Mine tonlos und warf ihre Schultasche in die Ecke.

„Du bist ja nur eifersüchtig!", sagte ich und trippelte weiter wie ein Mannequin vor Mine herum.

Mein Stolz und meine Freude sollten jedoch auch nicht von Dauer sein. Meine Röcke und Kleider wurden auf einmal länger. Der Inhalt meiner Schultasche wurde fast täglich von Anne kontrolliert. Ich durfte auf der Straße keinen Lolli mehr lutschen, nicht laut lachen, keinen roten Nagellack mehr tragen, und ich musste mich sogar anders hinsetzen, wenn ich einen Rock trug. Alles hatte sich durch meinen Kopfstand verändert.

Aber im Gegensatz zu meiner Schwester hatte ich noch einige Freiheiten, mit denen ich auch sehr vorsichtig umging.

Ich durfte meine Schulfreundinnen für einige Stunden besuchen, um mit ihnen zu lernen. Meine Mutter holte mich natürlich ab und warf immer einen Blick ins Wohnzimmer, um zu sehen, ob meine Freundinnen einen Bruder hatten, vor dem sie mich beschützen musste. Durch meine guten Noten in der Schule hatte ich meine Mutter auf meiner Seite. Wenn mein Vater wieder mal der Meinung war, dass Anne mir zuviel Freiheiten zugestand, sagte Anne immer: „Mach dir da mal keine Sorgen. Nilgün hat nur ihre Schule im Kopf und nicht so dummen Sachen wie Mine!"

Meine Schwester musste die Klasse bereits zum zweiten Mal wiederholen und hatte auch nichts getan, das zu verhindern. Mine lebte in ihrer eigenen Welt. Leider gab es diese Welt für türkische Mädchen nicht.

Mine hielt sich an keine Verbote und durch das Fehlverhalten meiner Schwester lernte ich, mit den Verboten besser umzugehen.

Jedes Wort, jedes Verhalten von mir war so überlegt und strategisch so gut durchdacht, dass mir vieles erlaubt wurde. Natürlich geschah das immer unter dem Vorwand, etwas für die Schule zu tun.

Frauen haben keinen Namen

Unsere Eltern stritten sich zwar nicht mehr so häufig, aber glücklich waren sie nicht. Mein Vater gab sich Mühe, in unserer Familie anwesend zu sein, aber nur, weil er sich vor den depressiven Phasen meiner Mutter fürchtete.

Birsen Teyze wurde die beste Freundin von unserer Mutter, und wir freuten uns immer auf ihren Besuch. Birsen Teyze war inzwischen die lustigste türkische Frau, die ich kannte, und Anne sagte immer, ohne einen Mann habe man wenigstens noch etwas zu lachen im Leben.

Ja, Birsen Teyze war insgeheim ein Stück Freiheit, Traum und Hoffnung für die meisten türkischen Frauen in unserem Freundeskreis.

Birsen Teyze mochte die Erziehungsmethoden unserer Eltern und anderer Türken nicht: „Ihr nehmt euren Töchtern die Luft zum Atmen", sagte sie immer. „Und irgendwann werden sie innerlich sterben und ihr werdet es nicht einmal merken!"

Anne wurde nach diesen Worten sehr nachdenklich, aber da Tante Birsen keine Töchter, sondern nur Söhne hatte, die auch noch bei ihren Großeltern in der Türkei lebten, erwiderte Anne diese Worte letztlich doch immer nur mit Schulterzucken.

Birsen Teyze besuchte uns immer dann, wenn mein Vater nicht zu Hause war. Sie mochte meinen Vater nicht. Aber das beruhte auf Gegenseitigkeit.

Mine und ich wollten unbedingt einmal bei Birsen Teyze übernachten und Anne hatte es uns nach langem Zögern auch erlaubt.

Es war einer der schönsten Abende in unserem Leben. Kichernd gingen wir durch „Aldi" und packten den Einkaufswagen voll mit Chips, Cola und Schokolade. „Mädchen, heute lassen wir es krachen", sagte Tante Birsen und nahm noch eine große Flasche Wein mit.

Birsen Teyze hatte eine sehr kleine, aber schöne Wohnung. An der Wand hingen einige Fotos von ihren zwei Söhnen. Mine und ich standen vor einem großen Bücherregal und waren überrascht, dass Birsen Teyze so viele Bücher besaß.

„Wenn ihr eines dieser Bücher mal gelesen habt, versteht ihr unsere Welt besser", sagte sie und drückte Mine eines in die Hand.

Wir bereiteten gemeinsam das Abendessen vor und deckten den Tisch, nur für uns drei Frauen. Während wir aßen, erzählte uns Birsen Teyze von ihren Büchern.

„Mädchen, Duygu Asena ist die Antwort auf unsere Fragen", sagte sie.

Duygu Asena sei eine Feministin und alle Männer würden sie deshalb hassen.

„Sie ist die mutigste Frau in der Türkei und sie ist unser Idol, unsere Hoffnung. Es lebe Duygu Asena!", rief Birsen Teyze und erhob ihr Weinglas.

Es sollte eine unvergessliche Nacht werden. Birsen Teyze sagte Worte, die mein Herz höher schlagen ließen. Sie trank ein Glas Wein nach dem anderen, und ihre Zunge wurde immer schärfer. Sie nahm ein Buch aus dem Regal und zitierte ein paar Sätze. Es waren Worte gegen Männer, gegen die Unterdrückung der Frauen, über die körperliche Gewalt, die Frauen nicht nur in der Türkei, sondern auf der ganzen Welt angetan wurde.

Jeder Satz aus ihrem Mund erinnerte mich an meine Anne, an Hayriye Teyze, Gönül Teyze, Ayse Teyze und die frisch verheiratete Sibel Teyze, an meine Babaanne und an die anderen Frauen, die wir kannten.

Birsen Teyze zog ein anderes Buch aus ihrem Regal und hielt es hoch. Der Titel des Buches ließ mich schaudern: „Frauen haben keinen Namen".

„Evet, Kizlar, wir haben keinen Namen!"

Sie knallte das Buch auf den Tisch. Mine und ich zuckten zusammen.

„Das zeigt doch, wie viel Rechte wir als Frauen haben. Nämlich gar keine!", sagte sie und nahm noch einen Schluck von ihrem Wein. „Kämpft Mädchen, kämpft um einen Namen, dann seid ihr frei!"

Mine lächelte und erklärte Birsen Teyze, dass man bei unseren Eltern nie frei sein könne.

„Ihr müsst Tinte lecken. Ihr müsst studieren und an die Universität gehen. Das gibt euch Flügel, Mädchen! Vor Universitäten und belesenen Frauen haben Männer Angst und Respekt. Oder ihr werdet reich, dann seid ihr auch frei!", sagte sie und wir mussten alle lachen.

„Para, Geld, das stellt die Ehre wieder her. Klug oder reich müsst ihr sein, dann habt ihr einen Namen", sagte sie, breitete ihre Arme aus und kreiste um den Tisch, als würde sie fliegen. Mine und ich flogen hinterher und hatten großen Spaß!

Birsen Teyze war der Meinung, dass wir türkischen Frauen die besten Manager und Politiker sein müssten, da wir von klein auf dazu gezwungen seien, uns zu organisieren und zu lügen. Mein Herz begann zu pochen, und ich fühlte mich plötzlich ertappt. Schließlich verschaffte ich mir durch meine geschickten Ausreden oder auch Lügen immer mehr Freiheiten.

Birsen Teyze, besser gesagt Duygu Asena war der Meinung, dass wir Frauen lügen müssten, um überhaupt atmen zu können. Also war das, was ich täglich praktizierte, gar nicht so schlimm. Und eine Frau wie Duygu Asena musste es ja wohl wissen! Dies war ein Kompliment und eine Bestätigung meines Verhaltens.

So euphorisch hatten wir Birsen Teyze noch nie erlebt. Wir redeten fast die ganze Nacht, und einige Fragen, die ich nie zu stellen gewagt hätte, wurden in dieser Nacht beantwortet. Fragen über Allah, Christen und andere Religionen. Birsen Teyze fand auch andere Religionen gut, an die wir nicht mal denken durften, da man sonst, laut meiner Mutter, versteinern würde.

„Männer benutzen Allah immer, um uns klein zu halten", sagte sie, zog noch ein Buch aus dem Regal und schlug eine bestimmte Seite darin auf.

„Seht her, Mädchen, hier sind einige Suren aus dem Koran übersetzt", sagte sie und wir waren ganz erstaunt, dass es überhaupt eine Übersetzung des Korans gab. In dieser Sure wurde die Frau als heilig, sogar als unantastbar beschrieben.

Der Mann müsse für die Familie sorgen und er habe der Frau keine Befehle zu erteilen.

„Also eins steht fest, unser Vater hat den Koran noch nie gelesen!", sagte ich und knallte meine Faust auf den Tisch.

Birsen Teyze und meine Schwester lachten. Birsen Teyze hob das Buch etwas höher und las weiter: „Bei Impotenz des Mannes darf sich die Frau scheiden lassen!" Birsen Teyze sah uns an.

„Kizlar, ihr wisst doch, was das ist, oder?" Mine und ich sahen beschämt auf den Boden und Birsen Teyze fing wieder an zu lachen.

Ich glaube, sie war glücklich, endlich mal mit jemandem darüber zu reden. Und wir waren glücklich, dass wir bei Birsen Teyze sein durften. Es fühlte sich plötzlich alles so gut an. Wir fühlten uns stark, überlegen und waren stolz darauf, Frauen zu sein!

Die Nacht verabschiedete sich und hinterließ uns ein Paar Flügel. Gedanken, die uns unser Leben lang begleiten sollten. Bücher, die wir später nicht mehr aus der Hand ließen, und Zitate, die uns und unser Leben prägten.

Am nächsten Morgen wurden wir durch ununterbrochenes Klingeln aus dem Schlaf gerissen. Baba kam in die Wohnung, sah die Weinflasche auf dem Tisch stehen und warf Birsen Teyze einen bösen Blick zu.

„Na, das dürfte dir doch nicht fremd sein", sagte sie und lächelte unseren Vater an. Sie erntete einen missbilligenden Blick von ihm.

Wortlos nahmen wir unsere Jacken und verabschiedeten uns von Birsen Teyze. Sie drückte Mine ein Buch von Duygu Asena in die Hand.

„Nicht aufgeben, Kizlar!", flüsterte sie.

Wir liefen unserem Vater hinterher und versuchten dabei, keinerlei Geräusche zu erzeugen. „Schuldig", lautete das Urteil. Jeder Schritt von ihm war wie eine Verurteilung, und all die schönen Gefühle waren plötzlich weg.

Mine nahm meine Hand und lächelte mir zu.

„Hab keine Angst", sagte sie. „Er macht sich groß, weil er so klein ist!"

Ich nickte und lächelte zurück. Wir breiteten unsere Arme aus und flogen hinter unserem Vater her!

Gebrochene Flügel

In unserer Familie habe ich eines nie verstanden: Je älter wir Kinder wurden, desto weniger Gespräche fanden bei uns statt. Als wir Kinder waren, hörte man uns noch zu. Es wurde gelacht oder auch getadelt, aber unsere Eltern hatten immer ein offenes Ohr für uns. Das war eines Tages schlagartig vorbei. Als ich Mine fragte, warum das eigentlich so sei, sagte sie: „Je älter wir Frauen werden, desto weniger sind wir wert." Mine starrte lange ins Leere, dann sah sie auf den Ring an ihrem Finger und lächelte: „Aber zum Glück gibt es auch andere Männer!"

Diese Worte machten mir große Angst. Ich wusste, dass Mine einen Freund hatte, aber ich tat, als würde ich es nicht wissen, da ich gar nicht erst an die Folgen denken wollte. Also ignorierte ich ihre Anspielungen und ging in die Küche. Es war Fastenzeit und wir bereiteten gemeinsam das Abendessen vor. Unsere Eltern zwangen uns nicht zum Fasten, hätten es aber sicher gerne gesehen. Mine machte das ganze

Ritual mit, obwohl ich wusste, dass sie nicht fastete. Vielleicht war es für sie die einzige Möglichkeit, ein wenig Anerkennung zu bekommen. In der Tat genoss Mine in dieser Zeit eine besondere Stellung in unserer Familie. „Ich bin stolz auf dich!“, sagte Baba immer wieder und strich Mine zärtlich über die Haare.

Da ich sehr schlank war, was bei uns als krankheitsanfällig und schwach galt, wollten meine Eltern nicht, dass ich fastete. Aber ich sollte wenigstens den Willen zeigen und nachts zum Essen und Beten aufstehen, was ich natürlich nicht tat. Als wir im Bett lagen, flüsterte Mine, dass sie ein Geheimnis habe und fragte, ob ich es wissen wolle.

Ich schwieg und tat so, als ob ich bereits schlafen würde. Aber es sollte nicht lange ein Geheimnis bleiben. Mine hatte wieder mal den Unterricht geschwänzt und ihre Zeit auf dem Spielplatz vertrödelt, der mitten in der Stadt lag. Die kleine Holzhütte auf dem Spielplatz war das ideale Versteck für Jugendliche, die sich im Knutschen übten, wäre da nicht Onkel Sedat gewesen, der genau dort mit seinem Enkel auf dem Weg in den Kindergarten eine Pause eingelegt hatte.

Als Onkel Sedat sah, wie Mine und ein „deutscher, blauäugiger Junge“ Händchen haltend aus der Holzhütte herauskamen, fiel er aus allen Wolken. Er eilte zu Mine, die vor Angst den Atem anhielt, und sagte ihr, dass sie sofort nach Hause gehen solle. Mine nickte und rannte davon. Onkel Sedat spuckte dem „blauäugigen Jungen“, wie er am Abend stolz unserem Vater erzählte, ins Gesicht und jagte ihn zum Teufel.

„Diesen deutschen Männern sollte man Röcke anziehen! Die lassen sich alles gefallen, wie eine neue Braut“, sagte Sedat und schlug mit der Faust auf dem Tisch. Mein Vater sah beschämt auf den Boden und hörte Onkel Sedat zu. Meine

Mutter schlug verzweifelt immer wieder auf ihre Schenkel und weinte.

Mine und ich standen im Schlafzimmer und versuchten, durch den Türspalt etwas von dem Gespräch mitzubekommen. Mine hielt meine Hand und die Angst war ihr ins Gesicht geschrieben. Plötzlich hob mein Vater den Kopf und sah uns direkt in die Augen. Wir erschraken zu Tode und gingen einen Schritt zurück.

Sedat Amca stand an der Tür, und bevor er sich von unseren Eltern verabschiedete, klopfte er auf die Schulter meines Vaters, senkte den Kopf und verließ endlich unsere Wohnung.

„Arschloch, Arschloch!", flüsterte Mine. Mein Herz klopfte bis zum Hals und ich bekam fast keine Luft. Meine Knie zitterten vor Angst, und am liebsten wäre ich aus dem Fenster gesprungen. Mine verkroch sich unter ihrer Decke und wartete auf ihren „Henker".

Da drückte mein Vater auch schon die Tür auf, ich flog gegen die Wand und er fiel über Mine her. Er schlug auf sie ein, fluchte und zerrte sie an den Haaren durch das Zimmer.

Meine Mutter versuchte, ihn davon abzuhalten, aber es war vergeblich. Ich stand an der Wand und hatte nicht die Kraft, mich auch nur einen Millimeter zu bewegen. Nach einer Weile, die mir wie eine Ewigkeit vorkam, lag Mine blutüberströmt und schluchzend auf dem Boden. Mein Vater schnappte sich seine Zigaretten und verließ das Haus.

Anne holte weinend eine Schüssel mit Wasser und setzte sich zu Mine. „Niye yaptin, warum hast du das getan, mein Kind? Warum nur? Warum straft Allah uns so hart? Und das auch noch in so einem heiligen Monat."

Mine lächelte und wischte sich die blutende Nase an ihrem weißen Oberteil ab.

„Männer schlagen, weil sie mit Worten nicht umgehen können", flüsterte sie.

„Hüte deine Zunge!", schrie meine Mutter und ging in die Küche.

Anne gab die Schuld den „bösen Deutschen" und unserer Regierung in der Türkei, die uns so unvorbereitet in diese fremde Kultur geschickt habe. Wir seien ein verlorenes Volk.

In der Nacht kroch ich unter Mines Bettdecke und hoffte, dass sie nicht böse auf mich war. Schließlich hatte ich ihr nicht geholfen.

Sie war aber gar nicht böse auf mich, im Gegenteil, wir umarmten uns ganz fest, und Mine sagte: „Hey, mach dir keine Sorgen. Mir geht es gut."

Ich drückte mich noch fester an meine Schwester.

„Denk an die Worte von Birsen Teyze und von Babaanne. Du musst Tinte lecken, gute Noten bringen, dann hast du mehr Freiheiten!", flüsterte ich.

Mine liefen die Tränen über das Gesicht: „Wie soll man denn mit gebrochenen Flügeln fliegen?", fragte sie und lächelte.

Eine Eurasierin breitet ihre Flügel aus

Babaanne wollte, dass wir Tinte lecken und Bücher lesen, um nicht unwissend zu bleiben. Außerdem war ich jetzt schon fünfzehn Jahre alt und wollte auch irgendwann fliegen lernen! Ich nutzte jede Gelegenheit, um in die Bibliothek zu gehen. Es gab so wunderschöne Bücher, die ich in ganz kurzer Zeit las, um an die nächsten heranzukommen. Zuerst machte ich einen großen Bogen um die Religionsbücher, da mein Interesse daran immer mit einem schlechten Gewissen Allah gegenüber gekoppelt war.

Aber dann war meine Neugierde doch größer als die Angst. In einer deutschen Bibliothek fand ich sogar den Koran und einige Übersetzungen davon. Ich las auch die Bibel, allerdings nur in der Bibliothek. Unsere Eltern hätten das sicher nicht gerne gesehen. Ich las Bücher über Religionen, von denen ich vorher noch nie etwas gehört hatte. Ich konnte nicht immer alles verstehen, aber eines hatten sie alle gemeinsam: Das Fundament aller Religionen war Liebe, Frieden, Rücksicht und Zufriedenheit. Birsen Teyze hatte recht gehabt. Auch in anderen Religionen gab es fesselnde und schöne Dinge, die jedem vorenthalten blieben, der sich nur auf eine konzentrierte und die anderen missachtete. Und in keinem „Gottesbuch" war es ausdrücklich verboten, sich für andere Religionen zu interessieren.

Religionen waren wie Perlenketten, und ich nahm mir von jeder die Perle, die ich am schönsten fand, und machte mir meine eigene Perlenkette daraus.

Der Versuch, mit meinen Eltern darüber zu sprechen, endete natürlich mit Drohungen und Geschrei. Ich solle Allah nicht beleidigen, sonst würde ich in der Hölle landen. Auch meine Schwester wollte nichts von meinen Erfahrungen wissen. Ich hatte mit einem Buntstift Suren in der Koranübersetzung unterstrichen, um sie meinen Eltern zu zeigen. Vor allem in dem Abschnitt, wo es um das Recht der Frauen ging. Als meine Mutter das sah, rastete sie regelrecht aus.

„Wie kannst du es wagen, in den Koran zu kritzeln?", schrie sie und riss mir das Buch aus der Hand. Ich versuchte, ihr zu erklären, dass es sich nur um die Übersetzung handle, und ich ihr etwas zeigen wolle. Doch meine Mutter war der

Meinung, dass man den Koran nicht übersetzen könne, und dass jeder Versuch eine Sünde sei.

Ich durfte nicht mehr über Gott und Religion sprechen. Ich hatte gefälligst das zu glauben, was man mir erzählt hatte.

Aber meine Flügel hatte ich bereits ausgebreitet. Meinen Wissensdurst über Religion und Gott musste ich weiter heimlich stillen, da das, was mir erzählt worden war, nicht der Wahrheit entsprach. Es waren Gruselgeschichten, die meine Eltern von ihren Eltern und Großeltern erzählt bekommen hatten. Natürlich hatte das den Vorteil, dass man Gott und die Religion dazu benutzen konnte, andere „zur Strecke zu bringen". So wurden Glaubenskriege geführt und Menschen manipuliert. Je mehr ich lesend forschte, desto mehr verwandelte sich meine Angst vor Gott in Liebe zu ihm, und je mehr ich über Religionen in Erfahrung brachte, desto stärker fühlte ich mich.

Aber ich las nicht nur Bücher über Gott.

Ich interessierte mich für Bücher über Kindererziehung, für Biografien von Menschen, die Besonderes im Leben erreicht und geleistet hatten, und natürlich für Bücher von Duygu Asena. Lesen, Lernen, Erfahren gaben mir das Gefühl, stark und überlegen zu sein.

Eines Tages sprach mich eine alte Dame an, die ich schon mehrmals in der Bibliothek getroffen hatte. Sie lobte mich sehr und zeigte sich beeindruckt, dass ich trotz meiner Jugend solche Bücher las. Sie setzte sich zu mir und fragte mich nach meinem Alter. Als ich ihr sagte, dass ich fünfzehn sei, klopfte sie mir auf die Schulter.

„Glaubst du denn, dass in diesen Büchern die Wahrheit steht?"

Wie aus der Pistole geschossen antwortete ich, dass ich meine eigene Wahrheit hätte. Die Frau war begeistert über meine Worte und sagte: „Du bist eine echte Eurasierin!"

Meine Babaanne hätte wahrscheinlich gesagt, dass aus dem Mund dieser Frau Worte wie Honig flossen.

Nach einer langen Unterhaltung sagte die Dame, ich hätte als europäische Asiatin viele Vorteile, nicht nur durch die Kenntnis mehrerer Sprachen, sondern auch durch die Vertrautheit mit unterschiedlichen Kulturen und durch mein besonderes Einfühlungsvermögen.

Mit dem Honig flossen dieser Dame aber auch Fragezeichen aus dem Mund. Kein Mensch in unserer Familie oder in unserem Freundeskreis hatte jemals von Vorteilen gesprochen, die wir „Deutschtürken" hätten. Die Bezeichnung „Eurasierin" gefiel mir allerdings auch viel besser! Es klang so allwissend, interessant und welterfahren.

Worin bestand denn eigentlich überhaupt der Unterschied zwischen Türken und Deutschen? Machten die Länder und die Sprache oder die Erziehung und das Umfeld, das uns so türkisch oder auch eurasisch gemacht hatte, ihn aus? Hätte meine Babaanne meinen Vater nach der Geburt einer deutschen Familie gegeben, wäre außer seinem schwarzen Bart und seiner dunklen Haut nichts an meinem Vater türkisch geworden? Hätte er Bier statt Raki getrunken und rote Wurst statt Kebab gegessen? Oder lag die Begründung für den Unterschied vielleicht in den Genen?

Warum sollten wir „Eurasier" uns denn überhaupt für nur ein Land und eine Kultur entscheiden, wenn wir doch so viele Vorteile davon hatten, mehr zu kennen? Um all diese Fragen zu klären, musste ich noch viel lesen und lernen. Denn nur dadurch bekam man Flügel!

Ein Brief aus der Türkei

Meine süße Tochter,

Inşallah geht es dir gut in der Fremde. Wir danken Allah, dass er uns diese Tage geschenkt hat. Nun sind wir seit sechs Monaten in unserer Heimat, und der Muezzin erfüllt fünfmal am Tag unsere Herzen mit Allah. Meine Zunge ist sehr zögerlich, wenn ich Heimat sage. Zwanzig Jahre Deutschland haben aus uns „Deutschtürken" gemacht. Hier erkennt uns jeder von weitem. Beim Metzger, auf der Bank oder beim Arzt. Wie werden immer gleich gefragt, ob wir „Alamanci" sind. Als würde es auf unserer Stirn stehen. Wir waren zwanzig Jahre Ausländer und müssen wahrscheinlich den Rest unseres Lebens in der eigenen Heimat auch als Ausländer verbringen. Vieles hat sich hier verändert, oder wir sind nicht mehr die Alten. Warum soll ich lügen, Allah kennt mein Herz. Ich vermisse unsere Freunde in Deutschland, die langen Abende und die schönen Gespräche über die Sehnsucht nach der Heimat. Vielleicht war die Sehnsucht schöner als ihre Erfüllung. Ich weiß es nicht, meine Tochter. Nun sind unsere Herzen wieder mit Sehnsucht erfüllt, nach dir und nach unseren Freunden, die noch in Deutschland leben. Wir vermissen die Sauberkeit und die Ordnung in Deutschland. Hier wirft jeder seinen Müll einfach auf die Straße, und es gibt so viele Menschen, die ständig jammern. Ich verstehe diese Menschen nicht! Du siehst, mein Herz ist voll Kummer und Sehnsucht. Allah möge uns beistehen. Wir werden uns hier schon einleben, mach dir keine Sorgen. Ich hoffe nur, dass es nicht noch mal zwanzig Jahre dauert.

Birsen schreibt uns regelmäßig aus Ankara. Einer ihrer Söhne hat sofort nach seinem Studium geheiratet. Bruder Ali hat uns schon zweimal besucht, aber er hat immer noch keinen reichen Schwiegersohn gefunden.

Es ist so schön, Freunde aus alten Zeiten zu sehen. Deinem Vater geht es gut. Er sitzt viel im Café, und wie du weißt, betet Hasan, seit wir hier leben, fünfmal am Tag.

Mine, Ismail und deinem Neffen Ersan und deiner Nichte Damla geht es gut. Die Kinder erfüllen unsere Herzen mit Freude! Mine spricht nicht viel über ihre Ehe, trotzdem habe ich das Gefühl, dass mein Schicksal auf ihre Stirn geschrieben ist.

Wir vermissen dich sehr. Du hattest ja schon immer deinen eigenen Kopf. Wir beten zu Allah, dass du nach deinem Studium zurück in die „Heimat“ kommst. Wir vertrauen dir, denn schließlich bist du schon fast einundzwanig Jahre alt.

Du hast als Kind immer von einer Brücke zwischen Deutschland und der Türkei geträumt.

Daran denke ich jetzt sehr oft. Und wenn es nur ein Traum ist, so ist es nun auch meiner.

Ich küsse dich auf deine schwarzen Augen, und möge Allah uns bald zusammenbringen

In Liebe
Annen

Meine lieben Leserinnen und Leser, Deutsche, Türken, Eurasier und Menschen aus anderen Kulturen, ich danke Ihnen, dass Sie der kleinen Nilgün Ihre Aufmerksamkeit geschenkt haben.

Ich habe beim Schreiben viel gelacht und auch hin und wieder geweint, aber vor allem sehr gründlich über meine Familie und mich, meine Herkunft und meine Verbundenheit mit zwei Nationen nachgedacht. Ich bin sehr glücklich darüber, dass ich mich für beide Kulturen und noch mehr entschieden habe. Denn so habe ich fliegen gelernt.

Mein Vater ist inzwischen gestorben, und meine Mutter lebt in Istanbul, ist jedoch sehr oft und sehr gerne im Schwabenland. Meiner Schwester ist es nach ihrer Scheidung gelungen, ihrer Tochter und ihrem Sohn Flügel zu geben. Ob Mine zufrieden ist? Sie redet nicht darüber.

Yalcin habe ich nie wiedergesehen, aber ich habe gehört, dass der Dorfarzt sich in Alaca um ihn gekümmert hat. Birsen Teyze lebt in Ankara und hat einen sehr netten Mann geheiratet. Ali Amca starb schon 1995, kurz nach der Hochzeit seiner Tochter. Es war ihm noch gelungen, einen reichen Schwiegersohn zu finden. Meiner Freundin Helene bin ich nach ihrem Umzug nicht mehr begegnet.

Ich bin in Deutschland geblieben, habe ein Handwerk erlernt und studiert, einen wundervollen Mann geheiratet und mit ihm eine Familie gegründet. Unserem kleinen Eurasier geben wir nun starke Wurzeln, und wenn er groß ist, bekommt er Flügel!

Glossar

abla	ältere Schwester (ablam = meine ältere Schwester)
acıdı	das hat weh getan (acı = der Schmerz)
afiyet olsun	guten Appetit
ağa	Großbauer (Herr, Chef; Männer mit höherem Rang werden mit „ağa" angesprochen)
ağlama	weine nicht
Allahım	mein Gott (Allah = Gott)
amca	Onkel (Bruder des Vaters; ältere Männer werden von jüngeren „amca" genannt)
anne	Mutter , Mama (annem = meine Mutter, annen = deine Mutter)
anneanne	Großmutter (mütterlicherseits)
baba	Vater, Papa (babam = mein Vater)
babaanne	Großmutter (väterlicherseits; babaannem = meine Großmutter)
baklava	Süßspeise aus Teigblättern
bayram	Fest, Nationalfeiertage, religiöse Feiertage
çocuklar	Kinder (çocuk = Kind)
dede	Großvater (dedem = mein Großvater)
deli	dumm, verrückt
dürüm	gefüllter Fladen, Teigtasche
eşoleşek	Sohn eines Esels (Schimpfwort)
evet	ja, jawohl
geldik	wir sind da/wir sind gekommen
günah	Sünde
güzel	schön (güzel kızım = meine schöne Tochter)

hadi	los (hadi hadi = los, mach schon)
hayır	nein
helva	türkischer Honig
hoca	Geistlicher/Lehrer
inşallah	hoffentlich, so Gott will
Isa	Jesus
kızım	meine Tochter (kız = Mädchen)
kara kızım	meine schwarze Tochter (Kosewort für Dunkelhäutige)
kısmet	Schicksal, Los
kolanya	das türkische „Kölnischwasser“ zum Erfrischen
kuku	Kosewort für Geschlechtsteil kleiner Mädchen
kütük	Baumstumpf, Holzklotz
maşallah	großartig, wunderbar; auch ein Spruch zum Schutz vor dem bösen Blick
merhaba	guten Tag, hallo
namus	Ehre
öğretmen	Lehrer(in)
pamuk	Watte (pamuk kızım = meine Watte-Tochter, Kosewort für Hellhäutige)
para	Geld
şalvar	Pluderhose
selam	hallo, Tag
sütlaç	Milchreis
teyze	Tante (Schwester der Mutter; ältere Frauen werden von jüngeren mit „teyze“ angesprochen)
tövbe	Reue, Bußfertigkeit
vallaha, billaha	ein Schwur
yaşasın	es lebe hoch, hurra
yavrum	mein Kindchen